Monika Mansour

111 mystische Orte in der Schweiz, die man gesehen haben muss

111

emons:

Bibliografische Information der Deutschen Nationalbibliothek
Die Deutsche Nationalbibliothek verzeichnet diese Publikation in der Deutschen Nationalbibliografie; detaillierte bibliografische Daten sind im Internet über http://dnb.d-nb.de abrufbar.

Layout: Eva Kraskes, nach einem Konzept
von Lübbeke | Naumann | Thoben
Kartografie: altancicek.design, www.altancicek.de
Kartenbasisinformationen aus Openstreetmap,

Druck und Bindung: Lensing Druck GmbH & Co. KG
Feldbachacker 16, 44149 Dortmund
Printed in Germany 2018
Erstausgabe 2017
ISBN 978-3-7408-0139-7
Aktualisierte Neuauflage Mai 2018

Vorwort

Schuld an diesem Buch sind zwei Männer: mein Vater und Cem, der Ermittler in meinen Krimis. Aus einem Grund, an den ich mich nicht mehr erinnere, legt sich Cem in seinem vierten Fall mit einer Hexe an – der Sträggele, einer bekannten Luzerner Sagenfigur. Und als ich dann im Regal meines Vaters ein Buch aus dem Jahr 1914 fand, «Schweizer Sagen und Heldengeschichten» von Meinrad Lienert, war es um mich geschehen. Ich tauchte vollends ab in eine mystische Schweiz und entdeckte einen wertvollen Schatz an Legenden, Orten, Wundern und Magie, der mich in seinen Bann zog.

Sagen erzählen Geschichten von innen heraus, erzählen, was die Menschen fühlten, glaubten und fürchteten. Sagen erzählen vom Bösen und Guten, dem Vergänglichen und Ewigen, vom Leben und Tod und von der Angst, von Ungerechtigkeit und von der Kraft der Natur, von Wunder und Zauber, von Liebe, Hoffnung und Glaube.

Von vielen Sagen gibt es unterschiedliche Fassungen. Lassen sich Sagen wissenschaftlich belegen?, fragte ich mich. Ich will ja meinen Lesern keinen Bären aufbinden. Nein, kam ich zum Schluss, an Sagen muss man glauben – ernsthaft oder mit einem Augenzwinkern. Denn Sagen sind unsere eigene Vergangenheit und dürfen nicht in Vergessenheit geraten – nicht heute, wo unser Leben oft durch wissenschaftliche Erklärungen, rationales Denken und technischen Fortschritt der Phantasie beraubt wird.

Dieser Führer soll dazu inspirieren, die Orte zu besuchen, die unsere Vorfahren bewegt haben, ihren Geschichten zu lauschen, tief durchzuatmen und dem Mystischen und Unerklärlichen Raum zu geben – und nicht immer alles bitterernst zu nehmen. Aber nicht nur die Vergangenheit lebt auf, nein, auch in der Gegenwart gibt es Magisches zu entdecken. Man darf schmunzeln und lachen und glauben – oder eben nicht. Alles ist relativ. Denn in einer Welt, die keine Geheimnisse mehr kennt, geht da nicht ein Stück unserer menschlichen Seele verloren?

111 Orte

1 Der Stiefelreiter

Lügen haben kurze Beine, aber grosse Stiefel

Bremgarten ist ein wunderschönes Städtchen im unteren Reusstal, auf drei Seiten von der Reuss umgarnt. In der autofreien Altstadt finden sich zahlreiche denkmalgeschützte Bauten. Aber Achtung vor Hufgetrappel! Denn in Bremgarten wütet der Stiefelreiter. In kalten Novembernächten soll man ihn hören, wie er auf seinem mächtigen Schimmel über die Reussbrücke donnert, auf ewige Zeit dazu verdammt, mit verdrehtem Kopf jeden zu jagen, der sich ihm in den Weg stellt.

Der Stiefeli, wie er auch genannt wird, ist ein kleiner, hässlicher Zwerg, so mager, dass ihm sein hellgrüner Frack und die blauen Hosen am Leibe schlottern. Unter seinem Hut leuchten grimmige, böse Augen, und ein roter Bart verdeckt Mund und Kinn. Sein Kopf ist gross und unförmig, mit einer Wucherung, die fast einem zweiten Kopf gleicht. Nicht zu übersehen sind aber die riesigen Stulpenstiefel.

Wegen seines Aussehens suchte der Stiefeli in jungen Jahren Schutz im Kloster Muri. Er arbeitete sich zum Verwalter hoch und kümmerte sich um die Ländereien des Klosters. Vor dem Abt gab er sich stets fromm und ehrlich. Tatsächlich aber beutete er die armen Leute und Bauern aus, stahl deren Besitz und forderte weit mehr als den Zehnten ein. Er quälte die Menschen und zeigte kein Erbarmen. Der Stiefeli wurde zu einem gewalttätigen, hinterhältigen Rechtsverdreher – was ihn letztlich ins Verderben stürzte. So stahl er im Namen des Klosters Muri einer Frau ein kleines Stück Land, indem er ihr Testament fälschte. Auf dem Acker des Grundstücks schwor er danach dem Abt, so wahr sein Schöpfer und Richter über ihm sei, so wahr stehe er auf des Klosters Grund und Boden. Plötzlich gab es ein schreckliches Geräusch, und der Stiefeli schrie sich in den Tod. Sein Genick brach wie von Geisterhand. In seinem Haar fand man Schöpfer und Richter (Löffel und Kamm) und in seinen Stiefeln Erde aus dem Kloster Muri.

Adresse Reussweg, 5620 Bremgarten | **Anfahrt** A 3, Ausfahrt Urdorf-Nord, der Bernstrasse über den Mutschellen bis Bremgarten folgen, links die Zürcherstrasse nach Bremgarten Zentrum/Bahnhof nehmen; oder A 1, Ausfahrt Lenzburg, über Wohlen nach Bremgarten, beim Obertor parkieren und zu Fuss den Reussweg entlang zur alten Brücke | **Tipp** Der grösste keltische Friedhof der Schweiz mit 63 Grabhügeln liegt im Waldrevier Bärhau in Unterlunkhofen, frische Waldluft und schöne Aussicht inklusive.

2 Der jüdische Friedhof

Die letzte Ruhe bis zum Tag der Auferstehung

Wohin mit den Toten? Wenn man in einem fremden Land nur geduldet wird, nicht aber in die Gemeinde aufgenommen ist, wo begräbt man dann die Verstorbenen? Da ist nicht nur der Boden fremd, sondern oft auch Kultur, Religion, Sprache und Begräbnisritual. Diese Frage hat grosse Berechtigung – in unserer heutigen multikulturellen Zeit wie auch schon damals, in der ersten Hälfte des 18. Jahrhunderts. Da die Juden in der Schweiz vorerst nur geduldet waren, durften sie keinen eigenen Friedhof anlegen. Sie konnten ihre Toten einzig auf der kleinen Rheininsel Judenäule bei Koblenz im Kanton Aargau bestatten, die im deutsch-schweizerischen Grenzgebiet lag. Doch Überschwemmungen setzten der Insel zu, und der Friedhof verwitterte rasch.

Endlich, im Jahr 1750, durften die Juden von Endingen und Lengnau ihr eigenes Stück Land kaufen. 340 Gulden kostete der Grund auf halbem Weg zwischen den beiden Dörfern. Dort entstand ihr jüdischer Friedhof, der älteste heute noch existierende in der Schweiz. Seit 1963 steht er unter kantonalem Denkmalschutz. Die ältesten Gräber liegen im südöstlichen Teil, eine grosse Fläche steht leer. Denn neues Land wurde dazugekauft, und noch heute bestatten die Juden von Endingen und Lengnau ihre Verstorbenen auf diesem Friedhof.

2.700 Tote sollen auf diesem Grundstück ruhen, statt mit den Füssen nach Osten hin in Nord-Süd-Ausrichtung, was untypisch ist, den Grund dafür kennt niemand mehr. Männer und Frauen liegen getrennt. Nach jüdischer Begräbniskultur wird die Ruhe der Verstorbenen nicht gestört, die Gräber werden niemals aufgehoben.

Es scheint, als hätten die Fremden in unserem Land ein Stück Heimat gefunden. Und herrliche Ruhe im Grünen. Die alten Grabsteine mit den hebräischen Inschriften sind heute mit Moos bewachsen, teils umschlungen von den Wurzeln der Bäume. Die Natur hat sich zurückgeholt, was ihr gehört, und einen mystischen Ort geschaffen.

Adresse Buckstrasse, 5304 Endingen | **Anfahrt** A 1, Ausfahrt Neuenhof, auf der Hauptstrasse durch Baden, bei Obersiggenthal rechts Richtung Lengnau abbiegen, in Lengnau links nach Endingen. Der Friedhof liegt auf halbem Weg auf der rechten Seite der Landstrasse. | **Tipp** Im Dorfkern von Bad Zurzach steht das wunderschöne Verenamünster. Die Wallfahrtskirche entstand über dem römischen Grab der heiligen Verena, das sich heute in der gotischen Krypta befindet.

3 Das Hexenmuseum

Weit mehr als Zauberkugeln und Hexenbesen

Ein Privatmuseum auf 270 Quadratmetern, 1.000 Exponate, untergebracht in acht Haupträumen auf drei Etagen, ein Shop und ein Café, wo man in der hauseigenen Zeitschrift lesen kann, und ein Schlossgarten – noch nicht genug? Wie wäre es mit einem Kräuterkurs, Tarot- oder Chirologie(Handlesen)-Workshop? Das sind die Fakten. Doch schon hier verlassen wir die uns bekannte Realität und tauchen ein in eine Welt voller Magie, Mystik, Brauchtum und Aberglauben, erleben, wie Vergangenheit und Zukunft verwischen, wie der Zauber uns durch die Themen-Räume trägt, mit unserer Phantasie spielt und uns an Legenden glauben lässt, die so alt sind wie die Menschheit.

Mit Leidenschaft, Kompetenz und viel Liebe zum Detail hat Wicca Meier-Spring das bezaubernde Hexenmuseum Schweiz erschaffen. Das Obergeschoss führt uns durch die Zeit der Magie. Exponate aus dem Mittelalter erzählen die Geschichte der Hexen, von ihrem Wissen um die heilende Kraft von Kräutern und Steinen bis hin zur grausamen Hexenverfolgung und den Hexenprozessen. Es werden Hexenkugeln und Voodoo-Amulette erklärt. Im Divinationsraum dreht sich alles ums Hellsehen: Kristallkugeln, Runen, Tarotkarten und mehr. In der Abteilung für moderne Hexen sehen wir Ritualgegenstände und Bücher.

Es gibt einen Filmraum, einen Spukraum und es geht tierisch zu und her. Denn Tiere haben bei den Hexen und im Volksglauben eine wichtige Aufgabe: die Raben als Totenvögel, Eulen, Füchse und Biber – jedes Tier bekommt seine Rolle im Kreislauf des Lebens und der Magie. Und da darf die Liebe natürlich nicht fehlen: Liebeszauber und Aphrodisiaka zum Beflügeln der romantischen Zweisamkeit werden ausgestellt und erklärt. Ein weiterer Raum ist den Göttern und Göttinnen geweiht, quer durch die Zeiten und Kulturen. Aber auch mit Klischees wird aufgeräumt. Was ist Märchen, was Fiktion, was Aberglaube – und was ist Realität?

Adresse Schloss Liebegg, 5722 Gränichen, www.hexenmuseum.ch | **Anfahrt** A 1, Ausfahrt Aarau West, Richtung Aarau / Suhr, in Suhr beim «Rundhaus» Richtung Reinach / Luzern nach Gränichen. Das Schloss liegt zwei Kilometer südlich des Dorfes. Die Abzweigung ist gut beschildert. | **Öffnungszeiten** unregelmässig, bitte auf der Webseite nachsehen | **Tipp** Das gepflegte Schloss Wildegg mit Wohnmuseum, Ahnengalerie und grossem Barockgarten ist von Anfang April bis Ende Oktober geöffnet, Schlossweg, 5103 Wildegg, www.schlosswildegg.ch.

4 Die Pestlinde

Eine Greisin wacht seit Jahrhunderten über Linn

Fast etwas einsam steht sie da und wacht wie eine Königin über das Aaretal. Und wie eine Königin wird sie verehrt. Besucher setzen sich zu ihr in den Schatten, nehmen Platz auf einer der vier Bänke und verweilen in Ehrfurcht ob ihres Alters. 1306 soll sie gepflanzt worden sein, als Pestlinde, über dem Grab der letzten an der Pest Verstorbenen, um einen erneuten Ausbruch der Krankheit zu verhindern. Die Linde, bereits bei den Germanen als Friedensbaum verehrt, der Göttin Freya gewidmet, gab auch dem Dorf Linn den Namen. Im Schatten ihrer Blätter feierten die Menschen einst rauschende Feste, es wurde getanzt und wohl oft auch heimlich geküsst.

Auch heute wird der riesige Baum von den Linnern geliebt und beschützt. Die Linde hat ihren eigenen Baumpfleger, sogar eine eigene Homepage, sie wird in Gedichten bejubelt und in Sagen verehrt. Ihre Blätter sind Teil einer eigenen Rezeptsammlung, und ihre Blüten sollen heilende Kräfte besitzen.

Sie ist eine Zeitzeugin, die auch ihre Narben davongetragen hat. Dreimal stand sie lichterloh in Flammen. Mehr als einmal entkam sie nur knapp dem Holzfällerbeil. Geplagt von Käfern und anderem Ungeziefer, kämpfte sie gegen Krankheiten. Eine Hexe namens Anna Meier soll sich unter der Linde mit dem Teufel vergnügt haben. Die Hexe wurde vertrieben, die Linde durfte bleiben. Noch heute soll man sie im Zwielicht als weisse Erscheinung sehen können.

Die Linde ist ein mächtiger Baum mit einem Stamm von fast 15 Metern Umfang. Sieben Hauptäste tragen die riesige Krone. Drahtseile halten heute die Greisin zusammen, denn ihr Tod könnte den Weltuntergang herbeiführen, so sagt eine Legende. Falle ihr Schatten nicht mehr auf die gegenüberliegende Habsburg, so sei die Welt verloren. Eine andere Sage aber behauptet genau das Gegenteil. So scheint die Apokalypse unausweichlich? Die Linde wird's wissen – oder erwacht im Frühling einmal mehr in jugendlicher Pracht.

Adresse am Dorfeingang, 5225 Linn, www.linnerlinde.ch | **Anfahrt** A 3, Ausfahrt Effingen, im Dorf Effingen rechts abbiegen auf die Bözbergstrasse Richtung Brugg, auf der Bözberg-Passhöhe abzweigen Richtung Linn | **Tipp** Das Sauriermuseum Frick zeigt tolle Fossilfunde aus der Tongrube bei Frick, unter anderem das komplette Skelett eines Plateosaurus (www.sauriermuseum-frick.ch).

5 Die Küngold vom Looweiher

Neun tanzende Elfen retten ein Liebespaar

Ein freches Ding war sie, die schöne Küngold, die aus einer Burgunder Adelsfamilie stammte. Tanzen war ihre grosse Leidenschaft. Sie wurde mit dem Ifenthaler verheiratet und zog auf die Wartburg bei Olten. Ihr herrischer Gatte bevorzugte Kriegsspiele und Saufgelage, und Küngold war zutiefst unglücklich. An Markttagen ritt sie nach Zofingen, immer begleitet von drei Leibwächtern. Auf ihrem Weg kam sie oft am Looweiher vorbei. Eines Tages sah sie neun Elfen in bunten Gewändern um den Teich tanzen. Eine Elfe flüsterte ihr heimlich zu: «Komm, tanz mit uns, dann sind wir zehn!»

In Zofingen traf Küngold auf Laurent, den Sohn des Stoffhändlers. Es war Liebe auf den ersten Blick. Aber wie konnte sie ihn heimlich treffen? Sie musste die drei Leibwächter loswerden. Ihr kam eine Idee. In der Abenddämmerung ritt sie zum Looweiher, warf sich ein buntes Gewand über und tanzte mit den Elfen. Die Leibwächter waren verwirrt und wussten nicht, welche der schönen Frauen nun Küngold war. So konnte sie entkommen und sich in Zofingen mit Laurent treffen. Da wurde Küngold schwanger. Ihr Gatte tobte, als er es bemerkte. Sie floh zu den Elfen und versteckte sich unter ihnen. Der Ifenthaler zog sein Schwert. Er wollte Blut sehen. Plötzlich brauste ein leuchtender Wagen heran und rettete Küngold und die Elfen. Man munkelte, es sei der Türst gewesen, ein Geisterreiter und Jäger. Da die Männer des Ifenthalers so oft und laut nach der Küngold gerufen hatten, entstand bei Oftringen das Dorf Küngoldingen.

Der Sage nach konnte das Liebespaar ins Burgund fliehen. Sie kauften ein Weingut, auf welchem seither neun Elfen fröhlich tanzen.

Das kleine Naturschutzgebiet Looweiher liegt etwas versteckt am Waldrand ob Oftringen. In der Abenddämmerung kann man sich die Elfen mit etwas Phantasie nur allzu gut vorstellen, tanzend, untermalt von Insektensummen, Vogelgezwitscher und dem Quaken der Frösche.

Adresse Lerbhalden, 4665 Oftringen | **Anfahrt** an der Verzweigung A 1/A 2 Wiggertal Ausfahrt Oftringen, durch Oftringen zur Loohalde hoch, der Weiher ist nur zu Fuss erreichbar, vom Restaurant «Loohof» in 5 Minuten, die Loohgasse hoch, dann beim Hof links die Lauterbachstrasse und nach wenigen Metern den Kiesweg rechts zum Looweiher nehmen | **Tipp** Eine 40-minütige Wanderung führt vom Looweiher über die Wartburgstrasse zur Ruine Alt-Wartburg und danach zum Ausflugsrestaurant «Säälischlössli», früher die Neu-Wartburg, wo man von der Dachterrasse eine tolle Aussicht geniesst (www.saelischloessli.ch).

6 Die Schlüsseljungfrau

Drei Küsse für die Erlösung einer Verdammten

Es gibt viele Geschichten über die Schlüsseljungfrau, die auf der Burgruine Tegerfelden umhergeistert. Verflucht soll sie sein, weil sie ihren vier Verehrern in ihrem Stolz eine schwere Prüfung auferlegt hatte: Sie sollten dreimal um die Burg reiten, die von steilen Felsen umgeben war. Drei Ritter stürzten zu Tode, nur der vierte schaffte die Prüfung. Doch er war von niederer Herkunft und die Mutter der Jungfrau unzufrieden mit der Wahl. In der Nacht liess sie ihn mit einer List über die Burgmauern in den Tod werfen. In ihrem Kummer sprang die Jungfrau hinterher – und wartet seither auf Erlösung.

Schon oft soll sie Männer in ihre Burg gelockt haben. So auch einst einen Drechsler aus Döttingen. Die Jungfrau trug ein weisses Kleid und in der Hand einen grossen Schüsselbund. Sie schloss eine erste Tür auf und trat mit dem Mann in einen von Kerzen erleuchteten Raum. Alte Ritter schliefen an den Wänden. Ganz hinten stand ein Eichenfass, und ein Hündchen sass davor. Er solle es küssen, sagte sie. Er tat, was sie verlangte, und die Ritter erwachten. In einem nächsten Raum schliefen Jünglinge und Jungfrauen an den Wänden. Beim Eichenfass hinten hockte sich die Schlüsseljungfrau hin. Er solle sie küssen, sagte sie. Er tat, was sie verlangte, und die Jünglinge und Jungfrauen erwachten. Im dritten Raum aber schliefen Kinder an den Wänden, und auf dem Eichenfass sass eine riesige stinkende Kröte mit aufgeplatztem Rücken. Er solle sie küssen, sagte die Jungfrau. Doch er zögerte wie so mancher Mann vor ihm. Da läuteten die Kirchglocken in Tegerfelden Mitternacht. Das Kleid der Schlüsseljungfrau verfärbte sich kohlschwarz, und der Mann versank in Ohnmacht.

Als er wieder zu sich kam, waren seine Haare und der Bart schneeweiss. Jahrelang schritt er seit jener Nacht die Burgmauern ab und rief nach der Schlüsseljungfrau, bis ihn der Wahnsinn in den Tod trieb.

Adresse Steig, 5306 Tegerfelden | **Anfahrt** A 3, Ausfahrt Brugg, in Brugg rechts Zurzacherstrasse, vor Villigen rechts über die Aaarebrücke, weiter über Würenlingen Richtung Tegerfelden, noch vor dem Dorf auf der Landstrasse bei der grossen Rechtskurve sieht man linker Hand die Ruine | **Tipp** Im Aargauisch Kantonalen Weinbaumuseum in der historischen Wiss-Trotte in Tegerfelden erfährt man alles über die Geschichte der Weinkultur, vom Rebschössling bis zur Degustation (April–Okt. 1. und 3. Sonntag 14–17 Uhr, www.weinbau-museum.ch).

7 Der Freiämter Sagenweg

Zwölf Sagen und Kunstwerke auf 800 Meter Waldboden

Erholung und mystisches Erlebnis pur für die ganze Familie findet man auf einem idyllischen Spazierweg durch ein geheimnisvolles Stück Wald. 2010 schufen hier Künstler und Künstlerinnen Skulpturen zu zwölf Sagen aus der Region Freiamt. Auf dem 800 Meter langen Sagenweg begegnet man tanzenden Waldmännchen und wilden Hexen. Der Teufel treibt sein Unwesen wie auch der Stiefeli und der Eichmann. Ermordete Jungfrauen hängen an Bäumen, und brennende Männer suchen ihren Frieden in dem Waldstück. Mal trifft man auf fliegende Besen, mal auf fallende Kegel, auch auf einen Pferdekopf aus Muschelsandstein, halb Skelett, halb lebendig. Drei Angelsachsen, dünn und riesig, sind kaum von den Baumstämmen zu unterscheiden. Und plötzlich steht man vor einem bunten Zwerg mit Schlips, der sich in einem Spiegel betrachtet.

Sucht man nach Ruhe und Entspannung, kann man sich zu einem Drachen auf eine Bank setzen, versteckt hinter Bäumen und Gebüsch, nur über einen kleinen Pfad erreichbar. Aber bitte leise sein, um die beiden Liebenden nicht zu stören oder gar die Hexe zu erwecken.

Die Sage der Waltenschwiler Hexe erzählt von einer wundersamen Salbe, deren Geheimnis nur eine Bauersfrau kannte. Sie strich etwas Salbe auf einen Besenstiel, und schon konnte sie mit dem Besen durch die Lüfte fliegen. Einst war sie ausser Haus und nur der Bauer daheim. Er suchte für seinen Ackerwagen etwas Schmieröl und strich aus Versehen die Salbe auf die trockene Radachse. Plötzlich erhob sich das Gefährt und flog davon. Die Bauersfrau war gerade auf dem Heimweg und sah den herrenlosen Wagen über ein Ackerfeld fliegen. Sie rief: «Tscho, Schnöri!», was etwa bedeutete: «Heimwärts mit der Schnauze voraus!» Der Wagen gehorchte und kam gleichzeitig mit der Frau auf dem Hof an. Ein Nachbar hatte die Szene beobachtet und den Hexenruf gehört. Seither nennen die Waltenschwiler diesen Acker das «Tscho-Feld».

Adresse 5622 Waltenschwil | **Anfahrt** A 1, Ausfahrt Lenzburg, über Wohlen nach Waltenschwil; A 4, Ausfahrt Affoltern am Albis, über Ottenbach, Muri, Büelisacker nach Waltenschwil; Parkplätze gibt es bei der Bushaltestelle Hessel und an der Grintenstrasse, dann 10 Minuten zu Fuss dem ausgeschilderten Weg folgen | **Tipp** Das Kloster-Museum Muri entführt den Besucher 1.000 Jahre zurück in der Geschichte der Benediktinermönche und Habsburgerdynastien. Die Klosterkirche gilt als barockes Juwel und ist einzigartig in der Schweiz (www.klostermuri.ch).

8 Die goldenen Kohlen

Eine verzweifelte Magd und ihr kalter Ofen

In Zofingen lebte einstmals der Altmüller. Seine Magd hatte ein kleines Zimmer ganz oben im Haus. Jeden Morgen um fünf Uhr stand sie auf, heizte in der Küche den Ofen ein und bereitete ihrem Herrn das Frühstück. Eines Morgens, sie glaubte verschlafen zu haben, da draussen bereits die Dämmerung anbrach, versuchte sie vergeblich, im Ofen ein Feuer zu entfachen. Es wollte einfach nicht brennen. Als sie schon fast am Verzweifeln war und aus dem Fenster blickte, sah sie drei fremde Männer in weissen Gewändern auf den Pflastersteinen des Städtchens sitzen. In ihrer Mitte brannte ein Feuer.

Entschlossen griff die Magd nach dem Kohlebecken und verliess das Haus. Freundlich fragte sie die Männer nach ein paar Stück Kohlen aus dem Feuer. Die Fremden jedoch schienen sie nicht wahrzunehmen und gaben keine Antwort. Aus Angst, der Altmüller würde bald nach seinem Frühstück verlangen, nahm sich die Magd einige glühende Kohlen und rannte damit zurück ins Haus. Doch kaum legte sie diese in den Ofen, erloschen sie. Noch zwei weitere Male holte sie Kohlen aus dem Feuer der Männer, aber jedes Mal waren sie kalt, kaum lagen sie im Ofen. Das ging doch nicht mit rechten Dingen zu, dachte sie. Und tatsächlich, just in dem Moment hörte sie die Kirchglocken Mitternacht läuten. Nicht die Morgendämmerung, sondern der Vollmond hatte die Magd aus dem Bett geholt. Als sie nach draussen blickte, waren die drei Männer und auch das Feuer verschwunden.

Aufgewühlt und müde legte sich die Magd wieder ins Bett. An diesem Morgen verschlief sie. Als sie in die Küche hinunterkam, sass der Altmüller schon am leeren Tisch und starrte die Magd eindringlich an. Sie huschte zum Ofen und hoffte, diesmal rasch ein Feuer entfachen zu können. Als sie in den Ofen blickte, verschlug es ihr den Atem. Die Kohlen, die sie letzte Nacht aus dem Feuer der Männer geholt hatte, hatten sich in pures Gold verwandelt.

Adresse Altstadt, 4800 Zofingen | **Anfahrt** A 1, Ausfahrt Oftringen, dann Richtung Luzern die Äussere Luzernerstrasse nach Zofingen nehmen, Parkplätze finden sich in der Altstadt | **Tipp** Römische Mosaikböden aus dem 2. Jahrhundert kann man im Hirschparkweg 5 bestaunen. Sie waren Teil des rund 100 Meter langen Herrenhauses eines grossen Gutshofes (täglich 9–17 Uhr).

9 Die Wildkirchlihöhlen

Vom Neandertaler zum modernen Bergtouristen

Am steilen Hang des Alpsteins liegen nebeneinander drei Höhlen im Fels. Prähistorische Funde beweisen, dass hier bereits um 90.000 vor Christus Höhlenbären hausten. Dann kamen die Neandertaler. Im Mittelalter zogen sich Eremiten in die Höhlen zurück und errichteten 1621 die Felsenkapelle Wildkirchli.

Anno 1706 beschreibt Pater Clemens Geiger den mystischen Ort folgendermassen: «In dieser Höhle befinden sich auch einige Löcher die unergründlich in welchem solle die wilden Männlein gewohnt haben.»

Auf der Ebenalp über den Höhlen sollen in mondhellen Nächten die Hexen getanzt haben, so eine Sage. Und der Teufel persönlich riss die Löcher ins Gestein, als er von einem Hirtenbub, der ein Buch mit den drei heiligen Namen in Händen hielt, verfolgt wurde.

Heute steht – an der hintersten Höhle vorbei um die Felsenecke – direkt an der Steinwand das Gasthaus Aescher. Familie Knechtle führt das wildromantische Berggasthaus bereits in der zweiten Generation. Auf der spektakulären Terrasse wird herzhafte Schweizer Küche serviert. Rösti in allen Variationen ist die Spezialität des Hauses. Ein Arbeitsplatz mit toller Aussicht und blankem Felsen als Rückwand in der Wohnstube. Das Gasthaus auf 1.450 Metern ist einmalig, ein echter Kraftort, dem nur manchmal im Sommer etwas die Ruhe fehlt. Bei schönem Wetter zieht das Wildkirchli Berggänger und internationale Touristen in Scharen an. Schuld daran ist sicher auch der «National Geographic», der das Aescher auf der Titelseite brachte: «Destinations of a Lifetime – 225 of the World's Most Amazing Places», so die Überschrift der Ausgabe.

Wer sich nicht an den zweistündigen Aufstieg wagen möchte, nimmt die Luftseilbahn von Wasserauen auf die Ebenalp. Ein kurzer Fussmarsch auf einem Wanderweg führt durch die Höhlen und vorbei an der Felsenkapelle zum Gasthaus.

Adresse Berggasthaus Aescher, 9057 Weissbad, www.aescher-ai.ch | **Anfahrt** A 1, Ausfahrt Gossau oder Sankt Gallen Winkeln, dann über Herisau nach Appenzell, dem Wegweiser nach Schwende und Weissbad folgen, weiter geradeaus auf der Schwendetalstrasse bis Wasserauen; dort liegt die Talstation der Ebenalpbahn, von der Bergstation ist der kurze Wanderweg gut beschildert | **Tipp** Die Café-Confiserie «Laimbacher» in der Weissbadstrasse 3 ist die älteste Zuckerbäckerei Appenzells. Seit 1872 werden hier der original Appenzeller Biber und verschiedene Hausspezialitäten hergestellt (www.laimbacher.ch).

10 Homburger Geistermusik

Ein Geisterzug und Marschmusik als Unwetterwarnung

Wandert man den Pfad hinauf durch den schattigen Wald, kann man die Homburg lange nicht sehen. Plötzlich dann steht sie vor einem, auf einer kleinen Lichtung auf dem First des Hombergs. In der Mitte ragt der dreistöckige Wehrturm in den Himmel und lässt erahnen, wie mächtig diese Burg einst war. Alte Mauern mit einer bewegten Geschichte, auf denen sich heute an heissen Tagen die Eidechsen ahnungslos sonnen.

1240 hat der Graf von Frohburg die Burg erbauen lassen. Dann ging sie in den Besitz des Bischofs von Basel über, bevor sie im Jahr 1400 an die Stadt Basel verkauft und über Jahrhunderte von den Vögten bewohnt wurde. Die Französische Revolution diente 1798 der armen Landbevölkerung als Ansporn zum Aufstand. Wütend zogen die Menschen gegen die Landvögte, plünderten die Burg und steckten sie in Brand. Die Homburg endete als kläglicher Steinbruch, bis sie in den 1930er Jahren restauriert und von 2008 bis 2010 nochmals vom Kanton Basel-Landschaft saniert wurde. Heute ist die Ruine offen zugänglich und ein schönes Ausflugsziel, Grillplatz auf der Burganlage inklusive. Die Aussicht vom Turm ist traumhaft.

Doch keine Burgruine ohne Sagengeschichte. So soll ein Wanderer einst in einer mondhellen Nacht an diesem Ort einen unheimlichen Geisterumzug gesehen haben: Knaben in schwarz-weissen Röcken, schwarz gekleidete Männer, die auf Hörnern, Posaunen und Trompeten Marschmusik spielten, Jungfrauen in weissen Gewändern und Frauen mit schwarzen Mänteln glitten paarweise wie auf einer Wolke durchs Tal. Mittendrin fuhr eine prachtvolle Kutsche, gezogen von sechs stolzen Rappen. Plötzlich verschwand der Zug, und ein schreckliches Gewitter brach los. Der Wanderer konnte sich noch in Sicherheit bringen. Man munkelt, dass auch heute noch in heissen Sommernächten, wenn sich ein schweres Gewitter zusammenbraut, die Homburger Geistermusik spielt.

Adresse Ruine Homburg, 4448 Läufelfingen | Anfahrt A 2, Ausfahrt Eptingen, im Dorf rechts die Passstrasse hoch; oder A 1, Ausfahrt Oftringen, weiter nach Olten fahren und über Hauenstein nach Läufelfingen, beim Bahnhof parkieren und dem gut beschilderten Wanderweg folgen (etwa 30 Minuten) | Tipp Auf dem Tierfriedhof in Läufelfingen, liebevoll eingebettet in eine gepflegte Parkanlage samt Teich und Kaffeestübli, werden treue Vierbeiner und gefiederte Freunde zur letzten Ruhe getragen (www.tier-friedhof.ch).

11 Das Häxehüüsli

Ein kulinarisches Vergnügen im Märchenwald

Ein wahrhaft verzauberter Ort ist das Häxehüüsli mit seiner langen bewegten Geschichte. Das verwunschene Häuschen begann sein Dasein als Hühnerstall. Im Zweiten Weltkrieg musste es als Munitionsdepot herhalten. Später wurde es zu einem Geheimtipp für Camper, bis man es als hippe Partylocation missbrauchte. Immer wieder umgebaut, erweitert, erneuert, renoviert, mauserte sich das Häuschen für einige Jahre zu einem italienischen Restaurant.

Bis es 1990 seine Bestimmung fand. Peter Stünzi eroberte es, und mit ihm kamen die Hexen. Es wurde gezaubert, viel gezaubert und gearbeitet. Der verwilderte Wald rund um das Häuschen wandelte sich in einen Märchenwald mit verschlungenen Pfaden, wo heute Feen, Gnome, Hexen und Fabelwesen leben dürfen. Ein duftender Garten mit über 80 Kräutern wurde angelegt, und hinter dem Häxehüüsli entstand ein kleiner Weiher. Überall plätschert und summt es. Enten lassen sich im Wasser treiben, Eichhörnchen huschen über die alten Eichenäste, und Singvögel verstecken sich im Efeu.

Hier wähnt man sich in einer mystischen Welt, abseits von Hektik und Lärm. Überall finden sich Kunstwerke und Skulpturen, Figuren und Märchengestalten von lokalen Künstlern, mal daumengross, mal mannshoch. Im Sommer sitzt man draussen im kühlen Schatten am Teich. Im Winter wird man von 1.000 Lichtlein im Garten empfangen, während sich drinnen im heimeligen Häxestüübli die Gäste bei Kerzenlicht und Kaminfeuer kulinarisch verzaubern lassen. Dabei wird man von Dutzenden Hexen beäugt, die an den Wänden und vor den Fenstern hocken, von der Decke schweben und den Ausgang bewachen. Aber keine Angst, Peter Stünzis Hexen sind liebenswert und ungefährlich.

Das Essen wird aufgespiesst: Fleisch, Poulet oder Fisch, ja, auch Käse und Früchte werden auf Spiessen serviert vom herzlichen Häxe-Team. Und natürlich rundet ein Glas Wein den magischen Besuch im Häxehüüsli ab.

Adresse Heideweg 2, 4153 Reinach, www.haex.ch | Anfahrt A 18, Ausfahrt Reinach-Nord, den Wegweisern mit dem Campingplatz-Signet folgen, der erste Parkplatz im Wald gehört zum Häxehüüsli | Öffnungszeiten Mo geschlossen, Di–Fr 11–17 und 18–23 Uhr, Sa 18–23 Uhr, So 11–20 Uhr | Tipp Auf dem abwechslungsreichen Holzskulpturenweg im Leywald von Reinach haben über 20 Künstler aus Baumstrünken rund 50 Skulpturen zum Thema «Märchen» geschaffen.

12 Das Henkermuseum

Den Alltag eines Scharfrichters vor Augen

Guido Varesi, so heisst der Besitzer des privaten Henkermuseums. Über 400 Exponate werden hier ausgestellt: ein original Richtbeil, ein Hexenstuhl der Inquisition, eine echte Guillotine-Klinge aus der Französischen Revolution, alte Gerichtsbücher, um nur einige wenige zu nennen. Varesi weiss viel zu erzählen, über das Foltern, die Körperstrafen und die Hinrichtungen. Und auch über die Männer, welche die Urteile der Gerichte zu vollstrecken hatten.

Im 14. und 15. Jahrhundert entwickelte sich in Europa der Beruf des Scharfrichters. Er wurde weitervererbt, Kündigungen waren nicht möglich. So entstanden ganze Henkerdynastien. Sie hatten einen schweren Stand in der Gesellschaft. Grundeigentum zu besitzen war ihnen untersagt. Allerdings stellte man den Scharfrichtern ein Haus am Stadtrand zur Verfügung. Ein Henker durfte kein öffentliches Amt ausüben. In der Kirche musste er ganz hinten stehen, und das Abendmahl bekam er als Letzter. Ein Wirtshaus konnte er nur betreten, wenn alle Gäste damit einverstanden waren. Heiraten durfte er einzig die Tochter eines Berufskollegen oder eine verurteilte Straftäterin. Lieber wählten die Frauen aber den Tod statt der Heirat. Der Scharfrichter musste sich durch auffällige Kleidung jederzeit zu erkennen geben, denn er galt als unrein, wie eine ansteckende Seuche. Es brachte Unglück, wenn man ihn berührte oder ihm zuzwinkerte.

Neben der Folter und Hinrichtung hatte der Scharfrichter noch weitere Aufgaben: Er war Tierarzt und Hundefänger, entsorgte Selbstmörder und Tierkadaver und war vor allem der Arzt und Apotheker der armen Leute. Durch die Folter und das anschliessende Zusammenflicken der Gefolterten besass er gute anatomische Kenntnisse. Geheilt wurde mit Amuletten, Hundefett, Armsünderfett (Fett der Hingerichteten) und Schädelmoos (Moos, welches auf einem Totenschädel wächst) – Mittel, welche oft die Frau des Henkers herstellte.

Adresse Kirchgasse 2, 4450 Sissach, www.henkermuseum.ch | Anfahrt A 2, Ausfahrt Sissach, der Hauptstrasse nach Sissach Dorf folgen, dort befindet sich im Dorfkern an der Hauptstrasse das Museum | Öffnungszeiten jeden 1. und 3. Sonntag des Monats 14–17 Uhr, Gruppen jederzeit nach Voranmeldung | Tipp In «Anita's Café zum Dozenbach» an der Hauptstrasse kann man nicht nur belegte Brötli und Eingeklemmtes verzehren, es gibt auch ein Lädeli, das allerlei Hausgemachtes aus dem Baselbiet anbietet (www.anitas-cafe.com).

13 Der Ketzer vom Spiesshof

Eine Leiche wird zum Tode verurteilt

«Zem glaine Ängelhof» (Zum kleinen Engelhof), «Zum Seraphinshus», «Zum Paradies», «Teufelshof» – die teils prächtigen Häuser im Basler Altstadtviertel am Heuberg weisen mystische Namen auf. Schlendert man durch die verwunschenen Gassen, fühlt man sich nur allzu leicht in ein früheres Jahrhundert zurückversetzt. Die Theologische Fakultät und eine schmucke Anwaltskanzlei vereinen auch heute noch göttliches und irdisches Recht in einer Strasse, so scheint es.

Und dann gibt es dort den Spiesshof am Heuberg Nummer 7, eines der schönsten Renaissance-Bauwerke Basels, ein prächtiges rotes Gebäude. Heute sind in ihm die Verwaltungsbüros der SBB untergebracht.

Aber im Spiesshof ist man nicht allein. Es spukt. Ein Geist geht um. Es ist der Geist von David Joris. Um 1544 kam er nach Basel, gab sich als Johann von Brügge aus und behauptete, er und seine Familie seien protestantische Flüchtlinge aus den Niederlanden, auf der Flucht vor der katholischen Inquisition. Der rotbärtige Mann sagte, er sei Glasmaler. Die Basler boten ihm Unterschlupf im Spiesshof. Obwohl ihn nie jemand arbeiten sah, wuchs sein Vermögen rasch an. Da er den Armen aber immer grosszügig Almosen schenkte, hinterfragte niemand den Grund für seinen Reichtum. Als er 1556 starb, soll ein Blitz in den Spiesshof eingeschlagen haben. Ein böses Omen.

Erst drei Jahre später kamen die Basler hinter sein düsteres Geheimnis. Brügge war der gesuchte David Joris, das Oberhaupt der niederländischen Wiedertäufersekte. Schockiert über den Betrug des üblen Ketzers und Teufels, verurteilte das Gericht nachträglich den Leichnam zum Tode. Joris wurde exhumiert, geköpft und auf dem Scheiterhaufen verbrannt. Doch zu allem Übel geht seither sein Geist um, den Kopf unter dem Arm, begleitet von zwei Höllenhunden mit roten Augen. Krachende Balken und quietschende Türen im Spiesshof sind keine Seltenheit, so sagt man.

Adresse Heuberg 7, 4051 Basel | ÖV ab Bahnhof Basel SBB Tramlinien 8, 10 oder 11 bis zur Haltestelle Bankverein, dort umsteigen auf Tramlinie 3 bis Musikakademie, dann bei der Leonhardskirche links den Heuberg entlang | Tipp Im Gast- und Kulturhaus «Teufelhof Basel» direkt am Heuberg sorgen Hotel, Restaurant, Theater, Kunst und Archäologie unter einem historischen Dach vereint für magische Momente (www.teufelhof.com).

14 Das magische Dreieck

Die fünf Belchen und drei Blauen der Kelten

Im Dreiländereck von Basel gibt es doch tatsächlich fünf Berge mit dem Namen Belchen. Man nimmt an, dass die Kelten diese Berge als Sonnenkalender nutzten. Der Elsässer Belchen ist das Zentrum dieses magischen Dreiecks. 73 Kilometer östlich von ihm befindet sich der Schwarzwälder Belchen. Hier geht die Sonne auf, wenn Tag und Nacht gleich lang sind, also am Frühlings- und Herbstanfang. 27 Kilometer nordöstlich vom Elsässer Belchen liegt der Kleine Belchen. Über seinem Gipfel geht die Sonne bei der Sommersonnenwende auf, am längsten Tag im Sommer. Am kürzesten Tag des Jahres zeigt sich die Sonne über dem Schweizer Belchen, der 88 Kilometer südöstlich vom Elsässer Belchen liegt. Auf diese Weise kann also der Beginn der vier Jahreszeiten bestimmt werden. Übrig bleibt noch der Grosse Belchen. Über ihm zeigt sich die Sonne alljährlich am 1. Mai. Die Belchen bilden demnach eigentlich ein magisches Fünfeck. Verblüffend ist jedoch nicht die Konstellation, sondern dass ausgerechnet diese fünf Berge auch den gleichen Namen tragen.

Die Stadt Basel ist ein Kreuzpunkt im Belchen-System, der Münsterhügel ein Kraftort, den schon die Kelten und Römer genutzt haben, mit einer traumhaft weiten Aussicht bis in den Schwarzwald und ins Elsass.

Die astronomischen Zusammenhänge der fünf Belchen wurden erst 1980 wiederentdeckt. Leider haben uns die Kelten kaum Schriften hinterlassen. Man weiss aber, dass der Kalender ein wichtiger Bestandteil ihrer Kultur war. Der 1. Mai war für sie ein Feiertag, sie nannten ihn «Beltane» nach ihrem Gott des Lichts, Belenus. Vermutlich leiten sich die Namen der Belchen von diesem Fest oder Gott ab.

Neben den fünf Belchen gibt es noch die drei Blauen: den Badischen Blauen, den Schweizer Blauen und den Elsässer Blauen. Ihre Namen sind auch kein Zufall, so weiss man heute. Die Blauen sollen zur Bestimmung der Mondkonstellation benutzt worden sein.

Adresse Münsterplatz, 4051 Basel | **ÖV** ab Bahnhof Basel Tramlinie 2 bis Kunstmuseum oder Linien 8 und 11 bis Barfüsserplatz, von dort ein kurzer Spaziergang durch die Altstadt hinauf zum Basler Münster | **Tipp** Der Kreuzgang des Basler Münsters ist einen Besuch wert, doch Achtung, der unsichtbare Geist des Schneiders Hagenbach soll dort hausen und verteilt offenbar ohne Vorwarnung Ohrfeigen an ahnungslose Passanten (www.baslermuenster.ch).

15_Der Blutturm

Rot wie Blut, weiss wie Knochen, schwarz wie Pech

«Der Blut-Thurm an dem Ecke der Stadt an der Schützenmatt, in die Aar hinaus gebauet, daselbst wurden vor diesem die Hexen ertränckt, und geschahen da die heimlichen Executionen, deren es im Pabstthum viele gegeben; Auch wurden da Anno 1528 drey Widertäuffer ertränckt.» So beschreibt Johann Rudolf Gruner 1732 den Blutturm in seinem Buch «Deliciae Urbis Bernae – Merckwürdigkeiten der hochlöbl. Stadt Bern».

Der Turm steht etwas versteckt unter Bäumen direkt an der Aare, und eigentlich wäre er an schönen Tagen einen Besuch wert. Ein steiler Spazierweg führt von der Lorrainebrücke hinunter. Leider schreckt die nahe gelegene Drogenanlaufstelle Besucher ab, und auch der Turm selbst leidet, ist mit Graffiti und Kritzeleien verunstaltet. Doch man kann den Turm auch vom Botanischen Garten aus betrachten. Der liegt direkt gegenüber, auf der anderen Seite der Aare, und ist ebenfalls von der Lorrainebrücke aus zugänglich.

Ein Besuch lohnt sich, denn der Rundturm hat so einiges zu erzählen. 1468 erbaut, bildet er das nördlichste Schlussglied der historischen Stadtbefestigung. Er ist nicht sonderlich gross, aber seine Mauern sind dick, aus hartem Jurakalk und Sandstein. Was hat dieser verschupfte Turm nicht alles erlebt! Viele Quellen behaupten, anders als Gruner, dass er wahrscheinlich nie für Folterungen und Hinrichtungen genutzt wurde. Weshalb nannte man ihn dann aber auch den Hexenturm? Ein weiterer Übername lautet Harzturm. Bewiesen ist, dass Ende des 18. Jahrhunderts das Pech für die Fackeln darin gelagert wurde. Schaurig wird es ab dem Jahr 1806. Der Blutturm wurde zur Leichenhalle des Anatomischen Instituts der Uni Bern. Der Gestank und die zum Bleichen präparierten Knochen führten zu vielen Beschwerden aus der Bevölkerung.

Heute steht der Blutturm unter kantonalem Schutz und gilt als Kulturgut der Stadt Bern. Für ausgewählte Anlässe kann er als Event-Lokal gemietet werden, sonst bleibt er leider verschlossen.

Adresse Uferweg bei der Lorrainebrücke, 3013 Bern | **ÖV** ab Bern Hauptbahnhof 8 Minuten zu Fuss, Ausgang Altstadt, dann links die Bollwerkstrasse entlang bis zur Lorrainebrücke, vor ihr führt ein Pfad hinunter zu Uferweg und Blutturm | **Tipp** Im zweiten Stock des Hauses in der Kramgasse 49 tüftelte Einstein 1905 an seiner Relativitätstheorie. Seine damalige Wohnung und eine begleitende Ausstellung zu seinem Leben und Wirken in Bern sind täglich von 10–17 Uhr zugänglich (www.einstein-bern.ch).

16 Der Kinderfresser

Die Hauptstadt der Geister- und Schauergeschichten

Sie sind sehr beliebt, die gespenstischen Führungen durch die alten Gassen Berns. Kein Wunder, Bern ist eine wahre Geisterhauptstadt.

Das Gespensterhaus an der Junkerngasse 54 zum Beispiel. Es steht bis heute leer, obwohl es sich in bester Wohnlage befindet. Im Mittelalter hat es wohl eher als Stall und Vorratsspeicher gedient, die Fassade aber täuscht ein Wohnhaus vor. Weshalb? Die Fensterläden sollen nachts klappern, und nach Mitternacht soll sich eine schwarz gekleidete, kopflose Frau in den Fenstern zeigen und dabei schauerlich lachen.

Doch das ist längst nicht alles: Der Geist eines grausamen Metzgergesellen ist dazu verdammt, die Gassen der Altstadt zu durchstreifen, als Strafe für einen Kalbsmord. Klappern und das Trampeln von Tierhufen hört man nachts ums Rathaus. Gegenstände fallen wie von Geisterhand zu Boden. Im Stadttheater ist es nicht besser. Spuken soll es auch dort. Der Kornhausplatz bleibt ebenfalls nicht verschont. Die schaurige Geschichte von einem unheimlichen weissen Nebel, der aus dem Boden quillt, wird von den Stadtführern erzählt.

Und dann steht da der Kinderfresserbrunnen – oder Chindlifrässer, wie ihn die Berner nennen. Makabrer und grausiger kann eine Brunnenfigur kaum sein. Die Kinderschreckfigur beisst einem nackten Kind den Kopf ab. Seine Umhängetasche ist voll mit weiteren unschuldigen Kindern, die auf seinem Speiseplan stehen. Vergeblich versuchen sie zu fliehen. Der Brunnen wurde 1545 errichtet und zählt nicht unbedingt zum grossen Stolz Berns. Sein Zweck ist bis heute nicht restlos geklärt. Die einen sehen einen Zusammenhang mit dem griechischen Gott Kronos, der seine Kinder ass, damit sie seinen Thron nicht besteigen konnten, andere nennen die Gestalt einen Oger. Oder ist er nur eine Fasnachtsfigur? Anlass zu Spekulationen gibt auch der Judenhut auf seinem Kopf. Aber vielleicht ist der Kinderfresser nur das, was er tatsächlich darstellt: eine Kinderschreckfigur.

Adresse Kornhausplatz, 3011 Bern | **ÖV** Tramlinie 9 und Buslinie 10 ab Bern Hauptbahnhof bis Zytglogge, sie halten direkt vor dem Brunnen; zu Fuss sind es ab Bahnhofplatz über Spitalgasse und Marktgasse rund 8 Minuten | **Tipp** Das «Klösterli Weincafe» mit seiner lauschigen Terrasse ist ein Trendlokal im ehemaligen «Stöckli» des historischen Klösterli-Areals (www.kloesterlibern.ch).

17 Emmentaler Krimiweg

Spukgeschichten und ein als Burg getarntes Schloss

Die mystische, hügelige Landschaft im Berner Mittelland ist geprägt von Wiesen, Weiden und Nadelwäldern. Stattliche Bauernhäuser ebenso wie Käsereien und Töpfereien gehören zu diesem ländlichen Idyll. Auch die historische Altstadt Burgdorf ist einen Ausflug wert. Ihr Name allerdings verwirrt, denn Burgdorf ist eine Stadt und die Burg ein Schloss. Da müsste der Ort doch eigentlich Schlossstadt heissen, nicht? Jedenfalls lohnt sich ein Besuch des Schlosses, das gleich drei Museen beherbergt: das Schlossmuseum, das Helvetische Goldmuseum und das Museum für Völkerkunde.

Begeben Sie sich nach dem Schlossbesuch auf den Emmentaler Mords- und Spukgeschichtenweg. Gleich in Burgdorf beim Freibad an der Emme steht die Bank Nummer 20: «Und dann ist nichts mehr wie zuvor.» Ruhebänke? Von wegen. Man sitzt gebannt auf einer der 20 Bänke, die weit verstreut im Emmental an idyllischen Plätzen stehen, und lauscht den Geschichten. Es geht um einen Lochbachgeist, eine Weisse Frau und Schnee aus Kolumbien. Die Götter mischen mit, und der General von Schauenburg tritt in einer Hauptrolle auf. Selbst eine Mammutjagd im Heimisbach wird durchgeführt. Mörder und Kommissare, Ärzte und Pfarrer trumpfen mit Wahrheiten und Lügen auf. Und die Opfer schreien, kämpfen und sterben dramatisch schaurig-schön.

Doch wie funktioniert der Krimi-Themenweg? Ganz einfach. Man sucht mit Hilfe der Broschüre von Emmental Tourismus die besten Wanderwege und die gewünschte Bank heraus. Dort findet man eine Hinweistafel. Mit seinem Smartphone loggt man sich ins Netz ein und lädt die MP3-Datei herunter. Alternativ kann man den QR-Code einscannen. Dann lässt man sich für einen Moment nieder, schliesst die Augen und lauscht den Mord- und Spukgeschichten. Von Burgdorf bis Escholzmatt, von Trub bis Eggiwil, von Langnau bis Wasen – das Emmental wird zum Krimischauplatz. Entspannung oder Nervenkitzel? Das entscheidet jeder für sich.

Adresse Schachenweg, 3400 Burgdorf, www.emmental.ch | **Anfahrt** A 1, Ausfahrt Kirchberg, die Hauptstrasse nach Burgdorf nehmen und weiter geradeaus durch den Ort bis zum Parkplatz des Freibads auf der linken Seite, von dort dreiminütiger Fussmarsch zum Ufer der Emme; die erste Bank auf der rechten Seite ist die besagte Krimibank | **Tipp** Die «Kraftwerk Kaffee Bar» gleich beim Bahnhof Burgdorf ist klein, fein und stylish, eingebettet im wuchtigen Gemäuer des Kraftwerks, dessen Wände Geschichten vergangener Tage erzählen (www.kraftwerkkaffee.ch).

18_Die Blausee-Sage

Vergossene Tränen einer unsterblichen Liebe

Türkisblau glitzert der Blausee im Sonnenlicht. Glasklar ist sein Wasser, ein Spiegel der zauberhaften Natur, die ihn umgibt: uralte Tannen, moosbewachsene Felsbrocken, mächtige Berge und der endlose Himmel. Doch der Blausee ist mehr. Er ist ein Spiegel zur Seele, ein Spiegel direkt ins Herz, denn dort entspringt er, glaubt man der traurigen Sage.

Einst war er ein normaler Bergsee. In seiner Nähe wohnte ein junges Mädchen. Sie war wunderschön mit ihren tiefblauen Augen und schwer verliebt in einen Hirtenknaben. In klaren Mondnächten spazierten die beiden Hand in Hand am Ufer entlang oder ruderten in einem kleinen Boot auf den See hinaus. Doch das Glück der Liebenden währte nicht lange. Beim Heuen auf einer Alp stürzte der Hirtenjunge über eine steile Felswand in den Tod. Das Mädchen trauerte um ihren Geliebten und schlich sich jede Nacht zum See. Dort vergoss sie Tausende von Tränen aus ihren tiefblauen Augen. Die Eltern sorgten sich um ihre Tochter, die allmählich den Verstand zu verlieren drohte, aber sie konnten sie nicht von ihren nächtlichen Besuchen am See abhalten. Als das Mädchen eines Nachts nicht zurückkehrte, fand man sie am Morgen auf dem Grund des Blausees liegen. Seit jenem Tag hat das Wasser seine blaue Färbung.

Der nur 0,64 Hektar grosse Bergsee entstand vor etwa 15.000 Jahren durch einen Felssturz. Die Trümmer liegen noch immer als mächtige Felsbrocken im Naturpark um den See verstreut. Eine unterirdische Quelle sorgt für das glasklare Wasser, das bis zu zwölf Meter tief ist. Durch die stärkere Absorption des roten Lichts erscheint der See tiefblau bis türkisfarben.

Am See finden sich ein romantisches Hotel & Spa sowie Restaurant, Shop und eine Bio-Forellenzucht. Eine Skulptur des unglücklichen Mädchens, erschaffen von dem Glattfelder Künstler Raffael Fuchs, liegt seit 1998 auf dem Grund des Sees, umsorgt von den Forellen.

Adresse Naturpark Blausee, 3717 Blausee, www.blausee.ch | **Anfahrt** A 8, Ausfahrt Spiez, weiter auf der Frutigenstrasse Richtung Kandersteg, nach Kandergrund liegt der Blausee gut ausgeschildert auf der rechten Seite | **Öffnungszeiten** täglich 9–17 Uhr, im Sommer bis 21 Uhr | **Tipp** Im «Tropenhaus Frutigen», einem grünen Wunder, werden exotische Früchte und Kaviar vom Sibirischen Stör produziert. Ausstellung, Tropengarten, Restaurant, Events – alles unter einem Dach (Di–So 9–23 Uhr, www.tropenhaus-frutigen.ch).

19 Begraben auf der Blüemlisalp

Der verfluchte Senn und seine böse Kathrin

An einem sonnigen Tag ist es wie ein kleines Paradies, das Kandertal, ganz gleich, ob im Sommer oder Winter. Es windet sich zwischen majestätischen Bergen immer tiefer in die Alpen hinein. Ganz hinten liegt Kandersteg. Hier kann man sein Auto auf die Bahn verladen und sich durch den Berg ins Wallis fahren lassen. Oder man verweilt noch etwas und lässt die Alpenkulisse auf sich wirken. Wer noch mehr Zeit hat, fährt mit der Gondel auf 1.600 Meter hoch zum Oeschinensee. Näher kommt nur der Bergsteiger der Blüemlisalp, diesem mit einem Gletscher vereisten Bergmassiv mit den drei Gipfeln Blüemlisalphorn, Wyssi Frau und Morgenhorn.

Einst, so erzählen die Sagen, war die Blüemlisalp eine blühende Wiese, die Kühe gaben beste Milch, und würziger Käse wurde ins Tal verkauft. Das Unglück begann, als sich der Senn der Alp eine junge Frau nahm. Die Kathrin war ein ebenso schönes wie böses Weib, das sich verwöhnen liess und nicht bei der Arbeit mitanpackte. Lieber streichelte sie den ganzen Tag ihr kleines schwarzes Hündchen. Als eines Tages die Mutter des Sennen auf die Alp hochstieg, servierte ihr die Schwiegertochter nur wässrige und verschmutzte Molke. Wütend stieg die alte Frau wieder den Berg hinunter und verfluchte ihren Sohn und die böse Kathrin. Da löste sich plötzlich ein Brocken aus dem Blüemlisalpgletscher und stürzte in die Tiefe, begrub den Senn, seine Kathrin, ihr Hündchen und die Kühe unter sich. Noch heute soll man das Brüllen der Leitkuh unter den Eismassen hören, wenn man sich für eine Weile an das Ufer des Oeschinensees setzt und der Natur lauscht.

So mancher Künstler liess sich von der Blüemlisalp inspirieren. So beschreibt Friedrich Dürrenmatt in der Kurzgeschichte «Der Winterkrieg in Tibet» die Blüemlisalp ironisch als Bunker im Zweiten Weltkrieg. Romantischer besingt Polo Hofer in seinem Hit «Alperose» den Berg: «Blüemlisalp i re Summernacht …»

Adresse Talstation, Oeschistrasse 50, 3718 Kandersteg, www.oeschinensee.ch | **Anfahrt** A 8, Ausfahrt Spiez, weiter auf der Hauptstrasse über Frutigen bis Kandersteg, dort beim Tourismusbüro links abbiegen und dem braunen Wegweiser Oeschinensee folgen | **Öffnungszeiten** Mai–Okt. 9–17 Uhr (8–18 Uhr im Sommer), Weihnachten–Mitte März 9–17 Uhr | **Tipp** Wenn von Januar bis März der Oeschinensee im UNESCO-Welterbe gefroren ist, geht's auf zum Eisfischen! Im Dorf können beim Eisenwarenladen «Lauber» Ruten und Bohrer gemietet werden (unbedingt reservieren). Tages- und Wochenpatente fürs Fischen erhält man im Restaurant «Oeschinensee».

20_Goethes Geistergesang

Der Wasserfall der ewigen Seelen

«Des Menschen Seele gleicht dem Wasser: Vom Himmel kommt es, zum Himmel steigt es, und wieder nieder zur Erde muss es, ewig wechselnd.» Dies sind die ersten Zeilen aus Goethes mystischem Gedicht «Gesang der Geister über den Wassern».

Das Lauterbrunnental ist wahrhaft beeindruckend. Ein Naturspektakel. Gigantische Berggipfel, steile Felswände, im Sommer blühende Alpwiesen und im Winter grandiose Skipisten bringen jedes Jahr die Touristen aus der ganzen Welt in die Jungfrau-Region. Bekannte Skigebiete wie Wengen, Kleine Scheidegg und Schilthorn sind rasch erreicht, und unten im Tal locken endlose Langlaufloipen.

Nicht weniger als 72 Wasserfälle stürzen über die Felswände ins Lauterbrunnental. Einzigartig sind die Trümmelbachfälle, insgesamt zehn Gletscherfälle, die im Inneren des Berges Schwarzer Mönch an die 200 Meter tief in eine enge Schlucht sprudeln. Im Sommer kann das Schauspiel beobachtet werden, ein Tunnellift führt Besucher hoch. Der imposanteste Wasserfall ist der Staubbachfall gleich am Dorfrand von Lauterbrunnen. Er ergiesst sich über eine überhängende Felswand fast 300 Meter in die Tiefe. 2016 wurde ein neuer Weg eröffnet, von dem aus der Staubbachfall auch von hinten besichtigt werden kann.

Goethe soll durch die herabstürzenden Wassermassen zu seinem Gedicht über den Geistergesang inspiriert worden sein: «Ragen Klippen dem Sturz entgegen, schäumt er unmutig stufenweise zum Abgrund.» Der Dichter setzte sich intensiv mit der Natur auseinander, auch als Naturwissenschaftler. Doch es schien ihm unmöglich, die Natur, ihre Schönheit, ihre unendlich vielen Facetten und ihre (auch zerstörerische) Kraft als Ganzes je zu erfassen. Die Frage vom Irdischen und Göttlichen beschäftigte Goethe zeit seines Lebens: «Seele des Menschen, wie gleichst du dem Wasser! Schicksal des Menschen, wie gleichst du dem Wind!»

Adresse Losisgräbli, 3822 Lauterbrunnen | **Anfahrt** A 8, Ausfahrt Wilderswil, weiter auf der Hauptstrasse bis Lauterbrunnen | **Tipp** Wer gerne spielt und mindestens zu zweit unterwegs ist, dem sei ein Abstecher zu den «Mystery Rooms» in Interlaken empfohlen. Unter dem Motto «Ein Team, eine Stunde – entkomme, wenn du kannst!» sorgt das Reality-Game für Nervenkitzel, Abenteuer und viel Spass (www.mystery-rooms.com).

21 «Die schwarze Spinne»

Arachnophobie im Emmental

«Die schwarze Spinne» ist beste Schweizer Horrorliteratur aus dem Jahr 1842, angesiedelt in einem idyllischen Dorf im Emmental. In Jeremias Gotthelfs berühmtester Novelle geht es um die Frage von Gut und Böse. Geschickt werden alte Legenden von Pest und Tierseuchen mit christlichen Bräuchen verwoben. Die Moralvorstellung der konservativen Dorfbewohner wird geprüft, dabei die Kollektivschuld verdrängt und die Aussenseiterin Christine zur Sünderin abgestempelt.

Worum geht es? Die geplagten Bauern gehen einen Pakt mit dem Teufel ein: Er erstellt in der verlangten Frist auf Bärhegen den von Hans von Stoffeln geforderten Schattengang mit 100 Buchen aus dem Münnebergwald. Als Lohn will er ein ungetauftes Kind. Christine besiegelt den Handel mit einem Kuss, den sie vom Teufel auf ihre Wange erhält – und der dort einen schwarzen Fleck hinterlässt.

Der Teufel erstellt den Schattengang, die Bauern jedoch liefern ihm kein ungetauftes Kind aus. Das aber lässt sich der Teufel nicht gefallen. Vor der Geburt des nächsten Kindes dehnt sich der schwarze Fleck auf Christines Wange aus: «Deutliche Beine streckte er von sich aus, kurze Haare trieb er empor, glänzende Punkte und Streifen erschienen auf seinem Rücken, und zum Kopfe ward der Höcker, und glänzend und giftig blitzte es aus demselben wie aus zwei Augen hervor.» Dann bricht die Spinne auf, langbeinig und böse laufen Tausende schwarzer Spinnen Christine über das Gesicht, hinaus in die Nacht, bringen Tod und Verderben. Die mutige Mutter sperrt zum Glück die Spinne in ein vorbereitetes Loch in einem Pfosten und setzt so dem Schrecken ein Ende.

Das Museum im Gotthelf Zentrum in Lützelflüh widmet der «Schwarzen Spinne» bis Ende 2018 eine Sonderausstellung. Zu sehen ist auch ein schwarzer Pfosten, ein «Bystal», in welchem in früheren Zeiten das Böse eingesperrt wurde – vielleicht gar die giftige Spinne …

Adresse Rainbergliweg 2, 3432 Lützelflüh, www.gotthelf.ch | **Anfahrt** A 1, Ausfahrt Kirchberg, der Hauptstrasse ins Emmental folgen, durch Burgdorf und Hasle bis Lützelflüh fahren, im Zentrum links auf die Dorfstrasse einbiegen, weiter geradeaus über die Emme, am Ende der Brücke vor der Kirche links zum Parkplatz Rain fahren | **Öffnungszeiten** von Anfang April – Ende Okt. Di – So 13.30 – 17 Uhr | **Tipp** Erholung findet man im frei zugänglichen Barockgarten, beim Entenweiher und Spielplatz der denkmalgeschützten Kulturmühle in der Mühlegasse 29 in Lützelflüh. Dort finden auch regelmässig Ausstellungen und Konzerte statt (www.kulturmuehle.ch).

22 Ein Fall für Holmes

Krimi-Drama am mächtigen Reichenbachfall

Sherlock Holmes ist in Meiringen allgegenwärtig. Seinen Namen tragen neben dem Museum ein Hotel, eine Lounge und ein Club. Statuen des legendären britischen Privatdetektivs stehen direkt an der Hauptstrasse mitten im Dorf. Und das hat seinen guten Grund, denn am Reichenbachfall starb Sherlock Holmes – vorerst.

Im Jahr 1893 reiste Sir Arthur Conan Doyle mit seiner Frau zur Kur nach Meiringen. Sie war an Tuberkulose erkrankt. Doyle seinerseits fühlte sich vom Erfolg seines legendären Sherlock Holmes gestresst und wollte sich lieber an historische Romane herantasten. Er beschloss, Holmes zu töten. Dazu erschuf er den ebenso genialen wie diabolischen James Moriarty, einen ebenbürtigen Gegner für Holmes, ein bösartiges Alter Ego. In «Das letzte Problem», der letzten Geschichte der Anthologie «Die Memoiren des Sherlock Holmes», kommt es am Reichenbachfall zum finalen Kampf zwischen Holmes und Moriarty. Beide stürzen in den Tod. Das unwegsame Gelände macht die Bergung der Leichen unmöglich.

Der Reichenbachfall tost über mehrere Stufen ins Haslital. Die oberste Stufe ist mit 120 Meter Höhe und 40 Meter Breite der grösste. Im Sommer fährt die Reichenbachfall-Bahn hoch zur Aussichtsterrasse. Im Winter jedoch wird das Wasser umgeleitet und speist ein Kraftwerk. Heute findet man am Reichenbachfall einen grossen Stern und eine Tafel an der Stelle, wo der Kampf stattfand. Ein Fussweg führt dorthin.

Die Leser empörten sich damals über den plötzlichen Tod von Holmes. Doyle sagte später: «Hätte ich Holmes nicht getötet, hätte er mit Sicherheit mich getötet.» Doch der Autor konnte es nicht lassen. Als er die Legende von einem Geisterhund in den Mooren Englands hörte, schrieb er 1901 den Roman «Der Hund von Baskerville», der zeitlich vor Holmes' Tod spielt und zu einem Riesenerfolg wurde. In der darauffolgenden Kurzgeschichte «Das leere Haus» liess er Holmes wiederauferstehen.

Adresse Bahnhofstrasse 26, 3860 Meiringen, www.sherlockholmes.ch | **Anfahrt** A 8 von Interlaken bis Autobahnende Meiringen, weiter auf der Hauptstrasse ins Dorfzentrum; oder von Luzern via A 8 über den Brünigpass nach Meiringen | **Tipp** Das Freilichtmuseum Ballenberg bei Brienz zeigt das Leben, den Alltag und das Handwerk unserer Vorfahren. Es ist von Mitte April bis Ende Oktober täglich offen von 10–17 Uhr (www.ballenberg.ch).

23_Der Friesenweg

Raue Nordmänner im noblen Ferienort

Hungersnöte und Überschwemmungen vertrieben in alten Zeiten die Friesen aus ihrer Heimat an der Nordsee. Sie wanderten nach Süden, bis sie bei Saanen im westlichen Berner Oberland Zuflucht fanden. Aber wie so manche Auswanderer plagte auch die Friesen das Heimweh, und dies bis über ihren Tod hinaus. Die Jahrhunderte zogen ins Land, und die Friesen litten in ihren Gräbern. Bis sie eines Nachts bei Sturm und Regen mit lautem Donnerknallen auferstanden.

Der wilde Tross machte sich auf nach Norden, um noch einmal das heimische Meer zu sehen. Krieger mit flatternden Tierfellumhängen gingen voraus, auf ihren Schultern trugen sie Waffen. Ihnen folgten die Reiter auf schnaubenden Pferden. Hinten ging das Fussvolk und zog die Karren mit den Frauen und Kindern. Die ganze Nacht hindurch marschierten die Friesen auf ihrem Weg, den sie einst gekommen waren, nach Norden und in der gleichen Nacht auch wieder zurück. Keinen Millimeter wichen sie von ihrem Pfad ab und walzten alles nieder, was sich ihnen entgegenstellte. Schnell sprach sich herum, dass die Friesen bei Sturm nach Norden zogen.

Ein Bauer, der seine Alpscheune direkt auf ihren Pfad gebaut hatte, liess deshalb jede Nacht die Scheunentore weit offen stehen, sodass die Nordmänner ungehindert hindurchziehen konnten. Einmal vertraute er seinem Knecht diese Aufgabe an. Der glaubte nicht an die Sage und verschloss die Tore. Bald zog der Sturm auf, und mit ihm kamen die Friesen. Sie hämmerten gegen die Scheune, liessen sie erzittern. Im letzten Moment öffnete der verängstigte Knecht die Tore. Vor Schreck aber blieb sein Herz stehen, als die mächtigen Friesen wütend an ihm vorbeizogen.

Zehn Chalet-Dörfer bilden heute die prestigeträchtige und elitäre Ferienregion Gstaad. Saanen mit seinem historischen Dorfkern ist ein wahres Schmuckstück, und wer weiss, vielleicht trifft man dort noch auf einen offenen Gaden.

Adresse Dorfstrasse, 3792 Saanen | **Anfahrt** A 6 bis Autobahnende Wimmis, weiter auf der Hauptstrasse durchs Simmental, rund 47 Kilometer, nach Schönried links abbiegen nach Saanen und Gstaad; oder A 9, Ausfahrt Aigle, auf der Route des Ormonts 47 Kilometer weiterfahren, nach Rougemont kommt rechts die Abzweigung | **Tipp** Ein wahrer Kraftort ist der Lauenensee, den auch die Band Span in einem Hit besingt. Der Bergsee ist Erholung pur im Naturschutzgebiet, lädt zum Spazieren, Schwimmen und Bootfahren ein.

24 Der Kuhreihen

Eine Krankheit namens Heimwehsehnsucht

«Lîoba por aria!» Kühe, kommt zum Melken, so übersetzt man den Beginn des Kuhreihens im Kanton Freiburg, der schon 1531 in einem Volkslied belegt ist und Eidgenossenherzen höherschlagen lässt. Das Museum in Bulle zeigt eine schöne Ausstellung über das Greyerzerland und seine Traditionen.

Der Kuhreihen holte nicht nur die Kühe heim, sondern auch die Soldaten. Kaum hörten sie den wunderschönen Gesang von den Alpen herab, wurden sie von einer seltsamen Melancholie erfasst und desertierten. Der Arzt Johannes Hofer nannte diese Krankheit 1688 die Heimwehsehnsucht. Selbst die Kühe erkrankten daran. Hörten sie einen fremden Kuhreihen, durchbrachen sie Zäune wie wilde Furien und rannten in den fremden Stall.

Entstanden ist der Kuhreihen eines Nachts, als Res, ein Berner Senn, auf seiner Alp Besuch von drei merkwürdigen Männern bekam. Ein Riese setzte aus der Milch Käse an, ein Jäger machte das Feuer, und ein blond gelockter Jüngling blies sein Alphorn und jodelte dazu, wie es der Senn noch nie gehört hatte. Dann goss der Riese den Rahm in drei Näpfe. Im ersten Napf verfärbte sich der Rahm rot wie Blut, im zweiten grün wie Gras und im dritten weiss wie Schnee. «Aus einem dieser Näpfe darfst du trinken», sagte der Riese, «aber wähle weise. Der rote Trank macht dich stark und mutig, der grüne beschenkt dich reich mit Gold, Silber und Vieh. Der dritte schenkt dir die Gabe, zu singen, jodeln und das Alphorn zu spielen, wie es die Menschen noch nie gehört haben.»

«Die Wahl fällt mir leicht», sagte der Senn und trank aus dem weissen Napf. Am nächsten Morgen, als er mit seinem Gesang zum ersten Mal die Kühe in den Stall holte, lauschten auch die Menschen unten im Tal entzückt, und seine Angebetete schenkte ihm sogleich ihr Herz. Man sagt, die Gabe des Kuhreihens habe sich über Generationen unter den Sennen weitervererbt. Bis heute hört man ihren mystischen Gesang.

Adresse Rue de la Condémine 25, 1630 Bulle, www.musee-gruerien.ch | **Anfahrt** A 12, Ausfahrt Bulle, Richtung Bulle Zentrum fahren, beim zweiten Kreisverkehr dritte Ausfahrt und dann immer geradeaus auf die Rue de la Condémine | **Öffnungszeiten** Di–Sa 10–17 Uhr, So 13.30–17 Uhr, Okt.–Mai über Mittag geschlossen | **Tipp** Entdecken Sie im Maison Cailler in Broc die wunderbare Welt der Cailler-Schokolade, der ältesten noch bestehenden Schokoladenmarke der Schweiz (www.cailler.ch).

25 Das Alien

Die makabre Welt eines Ausnahmekünstlers

Sitzt man in einem antiken Schloss, in einer Höhle, in einem Wal, in einem Raumschiff – im schlimmsten seiner Alpträume? Bogenartig spannen sich Knochen und Wirbel unter der gewölbten Decke, scheinen mit dem alten Gemäuer verwachsen zu sein. Es verschmelzen Realität und Wahnsinn, Biologie und Technik, Faszination und Abscheu. Das ist die schaurige Welt des HR Giger. In Gruyères im Château St. Germain darf der Besucher seine Welt bestaunen, seine Visionen, seine Abgründe und seine Genialität. Hier besucht man sein Museum oder die HR Giger Bar, sitzt in einem der hohen skelettartigen Sessel und begreift nur ansatzweise, in welch makabre Welt der Künstler einzutauchen vermochte. Seine Zeichnungen und Skulpturen sind weltberühmt. Exotische Frauen, bizarre Landschaften und schreckliche Kreaturen sind sein Markenzeichen. Natur und Technik vereint in einer faszinierenden Symbiose.

Dabei hat sein Leben gutbürgerlich begonnen. 1940 als Hansruedi Giger in Chur geboren, machte er eine Bauzeichnerlehre, absolvierte anschliessend ein Innenarchitekturstudium und besuchte die Kunstgewerbeschule in Zürich. Giger arbeitete als Möbeldesigner, doch immer stärker schlug seine künstlerische Ader durch. Seine Zeichnungen und Gemälde waren düster, verstörend, biomechanisch, neuartig. Einige seiner Werke zieren die Plattencover berühmter Death- und Black-Metal-Bands. Es folgten Skulpturen. Giger machte sich bald einen Namen in der Filmbranche. Als Szenen- und Kostümbildner holte er sich 1980 einen Oscar für den Hollywood-Horror-Science-Fiction-Film «Alien». Auch für «Species» entwarf er die ausserirdische Lebensform. Leider verstarb HR Giger 2014 an den Folgen eines Sturzes.

Was uns bleibt, ist seine Kunst. Und so schlendert man gerne noch etwas länger durch seine Ausstellung und versucht sich in seinem surrealen Universum zu assimilieren – einen Versuch ist es wert.

Adresse Château St. Germain, 1663 Gruyères, www.hrgigermuseum.com | **Anfahrt** A 12, Ausfahrt Bulle, auf der Hauptstrasse durch Bulle und weiter bis Gruyères, wo es drei öffentliche Parkplätze gibt; die Altstadt ist Fussgängerzone, gleich vor dem Château sind die HR Giger Bar und das Museum | **Öffnungszeiten** April – Okt. täglich 10 – 18 Uhr, Nov. – März Mo und Di geschlossen, Mi – Fr 13 – 17 Uhr, Sa, So 10 – 18 Uhr | **Tipp** Buddhistische Kunst zeigt das Tibet Museum an der Rue du Château 4 in Gruyères, wo Geschichte, Mystik und Religion verschmelzen (www.tibetmuseum.ch).

26 Das Nachtpferd Zawudschawu

Ein Pferd treibt Schabernack mit einem Trunkenbold

Mitten durchs Greyerzer Moor schlängelt sich die Saane. Seit 1948 die Staumauer errichtet wurde und sich der mit 13,5 Kilometern längste Speichersee der Schweiz aufstaute, hat sich das Landschaftsbild verändert, doch romantisch und mystisch ist es geblieben. Die Gegend hat sich die Sagen bewahrt, die man noch heute gerne erzählt.

Denn aufgepasst: Wandert man nach Sonnenuntergang den See entlang, könnte einem das Nachtpferd Zawudschawu begegnen, ein listiger Hengst, stolz und unzähmbar, jedoch mit einem guten Herzen. Viele alte und gebrechliche Wanderer soll er schon auf seinem Rücken getragen haben, um sie sicher nach Hause zu bringen. Doch nicht alle hatten so viel Glück. Vor langer Zeit trat ein Mann nachts übers Moor den Heimweg an, mehr torkelnd als gehend. Er hatte auf einem Fest einen über den Durst getrunken. Plötzlich galoppierte ein wildes Pferd heran, ging vor ihm auf die Knie und nickte ihm zu, er solle aufsitzen. Kaum sass er auf dem Rücken des Pferdes, trabte dieses brav los, und bald schon sah der Mann sein Heimatdorf vor sich. Doch jäh warf das Tier den Kopf herum und stürmte in wildem Galopp wieder zurück ins Moor. Der arme Mann klammerte sich in Todesangst an der Mähne fest. Das Pferd galoppierte direkt auf die Saane zu. Am Ufer drehte es im letzten Moment ab, schlug aus und schleuderte den Mann ins eisige Wasser. Das Pferd bäumte sich auf und wieherte so laut, dass es einem Lachen gleichkam. Dann stob es davon in die Dunkelheit. Der Mann schleppte sich triefnass ans Ufer und trat, nun nüchtern und hellwach, den Heimweg zu Fuss an. Denn er wusste, er war auf dem wilden Pferd Zawudschawu geritten.

Vielleicht kann man dem armen Kerl am ehesten nachfühlen, wenn man sich im Sommer bei Livemusik am sandigen Strand von Morlon Beach ein Bierchen gönnt und dann bei Mondschein auf einen romantischen Spaziergang begibt.

Adresse Route du Lac 23, 1638 Morlon, www.morlonbeach.ch | **Anfahrt** A 12, Ausfahrt Bulle, im Kreisverkehr dritte Ausfahrt Richtung Palud, beim nächsten Kreisverkehr geradeaus, am Ende der Strasse links nach Morlon, dort an der Kirche vorbei und links in die Route du Lac einbiegen (am Ende der Strasse sind Parkplätze) | **Tipp** Im Gutenberg Museum am Liebfrauenplatz 16 in Freiburg erfährt man alles über die Geschichte und Technik des Buchdrucks, die grafische Industrie und Kommunikation (www.gutenbergmuseum.ch).

27_Der Schwarzsee

Wenn Gargantua seine Füsse wäscht …

Der Schwarzsee liegt in den Freiburger Voralpen auf gut 1.000 Meter Höhe. Das flache Ufer säumen grüne Weiden und kleine Wäldchen. Sesselbahnen, Skilifte und Schneeschuhrouten bringen Wintersportler hierher. Meist ist der See dann gefroren, und man kann eislaufen. Im Sommer ist diese Gegend bei Wanderern sehr beliebt. Der Breccaschlund, ein von Gletschern geformtes Alpental, hat seine ursprüngliche wilde Schönheit bewahren können.

Damit auch den Kindern die Lust am Wandern nicht vergeht, hat man am Schwarzsee den Häxeweg angelegt. In zwei Stunden führt der einfache Spazierpfad von Mai bis Oktober um den See herum, mit einem kleinen Abstecher zum Wasserfall. Unterwegs kann man die alten Sagen und Märchen des Sensebezirks hautnah erleben. Der Hutätä, die Ankenhex und der Muggi verführen die Kinder, eine schwarze Kuh und ein Goldloch wollen gefunden werden, mit Schlangenbeschwörung rettet man sich. Aber Vorsicht, auf keinen Fall den Drachen stören, der mit seinen roten Augen und gespreizten Flügeln oben auf einem Felsen sitzt, der spuckt und speit ganz fürchterlich!

Interessant ist auch die Entstehung des Schwarzsees. Die einen sagen, der Drache sei schuld, der nach einem Unwetter aus einer Höhle kroch. Andere behaupten, der Riese Gargantua habe den Schwarzsee geschaffen. Er war ein Vielfrass und Säufer und der Vater von Pantagruel. Über die beiden Riesen wird in den fünf Romanen von François Rabelais erzählt, die zwischen 1532 und 1564 erschienen. «Da brachten sie den ganzen Tag in aller nur ersinnlichen Lust mit Schäkern, Jauchzen, Spielen, Singen, Tanzen und Runda trinken hin, wälzten sich auf den grünen Wiesen, nahmen Spatzen aus, strichen Wachteln, fischten Krebs und haschten Frösch.» Der Sage nach soll sich der Riese Gargantua im Schwarzsee seine Füsse gewaschen haben. Dies sei auch der Grund für das dunkle, trübe Wasser.

Adresse Seestrasse, 1716 Schwarzsee | **Anfahrt** A 1, Ausfahrt Freiburg-Nord, Richtung Freiburg und noch vor der Stadt links nach Tafers, dort rechts auf die Schwarzseestrasse, bis Schwarzsee fahren | **Tipp** Im Stroh-Atelier Sense-Oberland an der Schwarzseestrasse 20 in Rechthalten werden Trachtenhüte und einmalige Accessoires in Handarbeit aus Stroh hergestellt (Mo, Do 13–16 Uhr, 1. Samstag im Monat 9–11 Uhr, www.strohatelier.ch).

28_Das Geisterschiff

Wenn bei Vollmond Wünsche in Erfüllung gehen

Zuweilen soll es vorkommen, dass ein Geisterschiff mit goldenem Drachenkopf im Mondlicht über das Wasser bei Genf gleitet, gezogen von acht weissen Schwänen und begleitet von wunderbarem Harfenspiel. An der Reling steht eine Jungfrau inmitten kleiner Kinder, die einen Reigen tanzen. Es wird erzählt, wenn man in der Vollmondnacht die Jungfrau sieht, reinen Herzens ist und einen Wunsch mit sich trägt, so geht dieser in Erfüllung.

Einst lebte in einem Dorf ausserhalb Genfs der Waisenknabe Johann. Tagsüber trieb er die Schweine auf die Weide und abends am See entlang wieder zurück. Eines Nachts, es war dunkel und der Vollmond noch nicht aufgegangen, hörte er Hufgetrappel hinter sich. Johann erkannte den Bischof von Genf, den er sehr bewunderte. Könnte ich doch auch so ein göttlicher Herr werden, dachte Johann. Sehnsüchtig starrte er den aufgehenden Vollmond an. Plötzlich hörte er zartes Harfenspiel und sah ein seltsames Leuchten über den Wellen des Genfersees. Das Geisterschiff! Johann erstarrte, als er die schöne Jungfrau erblickte, die ihm lächelnd zuwinkte. Da blitzte ein grelles Licht auf, und das Schiff verschwand. Am nächsten Tag ging Johann zum Schuster, er wollte seine Schuhe abbestellen, die er nun doch nicht bezahlen konnte. Aber der Schuster sagte: «Nimm sie. Bezahlen kannst du, wenn du einmal Kardinal bist.» Es scheint kein Zufall gewesen zu sein, dass der Bischof von Genf kurze Zeit später auf den frommen Geist und hellen Verstand von Johann aufmerksam wurde und ihn unter seine Fittiche nahm. Viele Jahre später ging Johanns Wunsch in Erfüllung, und er wurde Bischof von Genf.

Zweimal täglich kann man ab dem Hafenbecken von Genf eine Rundfahrt mit einem Schaufelrad-Schiff der Belle-Époque-Flotte unternehmen. Nostalgie-Feeling kommt auf. Und abends bei Vollmond unbedingt an der Promenade du Lac spazieren gehen, wer weiss …

Adresse Quai du Mont-Blanc 1, 1201 Genève | **ÖV** vom Hauptbahnhof mit der Buslinie 6, 9, 8 oder 25 zur Haltestelle Mont-Blanc, direkt im Zentrum am See; zu Fuss ab Bahnhof über die Rue des Alpes erreichbar in 10 Minuten | **Tipp** Warum nicht den Mond über dem Genfersee von der wunderschönen Terrasse des Restaurants «Le Petit Lac» aus bestaunen? (Quai de Corsier 14, 1246 Corsier, www.lepetitlac.ch)

29 Der Himmel über Genf

Wenn Thor die Higgs-Teilchen durcheinanderwirbelt

Seltsames spielt sich am Himmel über Genf ab. 2015 filmten zwei amerikanische Touristen, wie ein mysteriöser Wolkenwirbel einen sich schnell bewegenden weissen Punkt verschluckte. Mehrere Zeitungen berichteten darüber. Hatten wir Besuch von Aliens? Ist ein Ufo mit Hyperschall aus unserem Sonnensystem entschwunden?

Zu reden geben auch gewaltige Wolken, die über Genf auftauchen. Im Netz kursieren Bilder von blitzenden Wolkentürmen, die eigentlich doch nur Thor erschaffen haben kann. Und wenn die Radarbilder dann auch noch einen Wolkenring aufzeichnen, der perfekt kreisrund über Genf schwebt, an einem sonst stahlblauen Himmel, dann laufen die Verschwörungstheoretiker zur Hochform auf – und das Kernforschungszentrum CERN kommt ins Visier. Teilchenexperimente beeinflussen das Wetter? Schwarze Löcher in Miniaturform wirken sich auf die Atmosphäre aus? Während eines Experiments verfärbte sich der Himmel über dem CERN plötzlich lila, und seltsame Wirbel bildeten sich im Inneren der Wolken. Diese Erscheinungen habe ein Experiment zur Bündelung von Mikroteilchen verursacht, so wird gemunkelt. Alles harmlos?

Mit dem LHC, dem 27 Kilometer langen, kreisförmigen Teilchenbeschleuniger, rund 100 Meter tief unter der Erde, hat das CERN etwas erschaffen, das für Normalbürger kaum zu begreifen ist. Daher kommt wohl auch die Angst vor dem Unbekannten. Wer versteht schon schwarze Löcher? Was hat ein Higgs-Teilchen mit der Entstehung des Universums zu tun? Eine Dauerausstellung und Führungen durch das CERN sollen dem Besucher die wissenschaftlichen Experimente näherbringen. Wer es lieber sportlich an der frischen Luft mag, kann dem LHC auch oberirdisch mit dem Fahrrad folgen. Der Passeport Big Bang ist ein interaktiver Rundkurs von 54 Kilometern Länge und in zehn Etappen unterteilt. Und immer mal wieder hochschauen, könnte ja sein, dass sich Thor oder ein Ufo zeigt.

Adresse Route de Meyrin 385, 1217 Meyrin | **Anfahrt** A 1, Ausfahrt Meyrin, geradeaus durch Meyrin fahren, das CERN-Besuchercenter liegt auf der linken Seite am Ende der Stadt | **Tipp** Das Keramik- und Glasmuseum Ariana mitten im Parc de l'Ariana zeigt 20.000 Objekte aus zwölf Jahrhunderten (geöffnet Di–So 10–18 Uhr).

30_Das Martinsloch

Ein Fenster zur aufgehenden Sonne

Mitte März und Anfang Oktober ist das Schauspiel perfekt, dann blickt man direkt durch das Felsenfenster zur aufgehenden Sonne, vorausgesetzt, man steht bei der Kirche in Elm. Das Spektakel dauert nur eine Minute, dann ist die Sonne wieder verschwunden, um zehn Minuten später hinter dem Berggrat aufzugehen.

Das Martinsloch auf 2.600 Metern im grossen Tschingelhorn ist ein wahrer Kraftort. Geologen sagen, die Glarner Hauptüberschiebung sei schuld, die Mystiker sind sich sicher, dass der Stock des Sankt Martin das Loch in den Felsen geschlagen hat, als er ihn nach dem Riesen aus Flims warf, der seine Schafe stehlen wollte. Die Flimser liessen die Behauptung natürlich nicht auf sich sitzen. Und so kam es, dass die Elmer am 1. Oktober 1989 vergebens auf die aufgehende Sonne warteten. Sie glaubten schon an eine universale Katastrophe. War die Sonne etwa verschwunden? Nahm sie einen Umweg? Unmöglich! Tatsächlich ging die Sonne auf an diesem strahlend schönen Morgen, ohne sich jedoch wie gewohnt im Martinsloch zu zeigen. Reingelegt! Es stellte sich heraus, dass ein Flimser das rund 22 Meter hohe und 17 Meter breite Felsenfenster von der Bergseite her mit einem riesigen schwarzen Tuch abgedeckt hatte.

Man kann das dreieckige Martinsloch durchaus besteigen. Geübt im Bergwandern sollte man aber schon sein und allenfalls einen Führer mitnehmen. Der Aufstieg ist nicht leicht, vor allem das letzte Stück hat es in sich. Auch Geröll, Schutt, Schnee und Eis sind je nach Jahreszeit zu überwinden, für erfahrene Alpinisten jedoch kein Problem.

Das Dorf Elm im Sernftal ist heute ein begehrter Ferienort für Wintersportler mit rund 40 Kilometern präparierten Pisten. Früher war Elm bekannt für seine Schiefertafelproduktion. Die Produkte wurden fast in die ganze Welt exportiert. Die 1898 gegründete Schiefertafelfabrik schloss 1961, kann heute aber als Museum besucht werden.

Adresse Dorf, 8767 Elm | **Anfahrt** A 3, Ausfahrt Niederurnen, weiter Richtung Glarus, nach 16 Kilometern in Schwanden links abbiegen und die Sernftalstrasse nach Elm hochfahren | **Tipp** Im Landesplattenberg Engi, einem 300-jährigen Schieferbergwerk, kann man an Führungen bis tief in den riesigen Stollen hinein teilnehmen. Auch Konzerte werden regelmässig im Berg veranstaltet (www.plattenberg.ch).

31 Der letzte Hexenmord

Intrige, Justizskandal und ein Whistleblower

Am 13. Juni 1782 wurde in der Schweiz die letzte Hexe hingerichtet, legal nach Gesetz verurteilt. Anna Göldi arbeitete als Magd für Johann Jakob Tschudi, einen wohlhabenden Glarner Arzt, Richter und Regierungsrat. Man vermutet ein Verhältnis zwischen Anna Göldi und Tschudi als Auslöser für eine familiäre Intrige, für die Anna Göldi letztlich mit dem Tod bezahlen musste. Sie wurde wegen der Verzauberung der Tschudi-Tochter angeklagt. Stecknadeln soll sie ihr in die Milch gezaubert haben. Unter Folter bekannte sich Göldi zum Teufel. Der Hexenprozess lief unter Ausschluss der Öffentlichkeit ab, löste aber trotzdem einen Sturm der Entrüstung aus. Es half nichts. Anna Göldi wurde wegen Vergiftung zum Tod durch das Schwert verurteilt. Der Gerichtsschreiber, Johann Melchior Kubli, gab jedoch die streng geheimen Akten über den Justizskandal heraus, die nicht zuletzt 226 Jahre später zu Anna Göldis Rehabilitierung führten. Heute würden die Medien Kubli wohl als Whistleblower in die Schlagzeilen bringen. Der Glarner Landrat erklärte 2008 Anna Göldi offiziell für unschuldig.

Nach ihrer Rehabilitierung errichteten die Glarner 2014 ein Licht-Mahnmal beim Gerichtshaus, jenem Ort, an dem sie zum Tode verurteilt wurde. Geht man heute vom Gerichtshaus weiter zur Asylstrasse – die früher Mördergässli hiess –, wandelt man auf Anna Göldis Spuren auf ihrem letzten Weg zur Hinrichtung. Auf dem Richtplatz beim heutigen Kantonsspital wurde sie geköpft.

Ihre Geschichte war und ist präsent in den Medien. Evelin Hasler hat sie in einem Buch niedergeschrieben. Auch ein gleichnamiger Film wurde gedreht. Im Sommer 2017 wird im Hänggiturm in Ennenda von der Anna-Göldi-Stiftung ein neues, multimediales Anna-Göldi-Museum eröffnet. Die Stiftung setzt sich für Menschenrechte ein, denn Gewalt, Missbrauch und Willkür gegenüber Schwächeren sind auch in heutiger Zeit existent und leider viel zu oft ein Tabuthema.

Adresse Hänggiturm, 8755 Ennenda, www.annagoeldi.ch | **Anfahrt** A3, Ausfahrt Ziegelbrücke bis Glarus, am Ende der Stadt links nach Ennenda abzweigen, Richtung Bahnhof fahren, am Ende der Bahnhofstrasse rechts auf die Hohlensteinstrasse abbiegen und die zweite links auf die Gipserhütte nehmen | **Tipp** Der Klöntalersee ist für seine wunderschönen Spiegelungen bekannt. Das Gerücht hält sich hartnäckig, dass General Suworows Armee 1799 die Kriegskasse in diesem Bergsee versenkt habe. Tauchgänge brachten jedoch bis heute keinen Schatz zum Vorschein.

32_Die tote Braut

Eine verfluchte Hochzeitsgesellschaft im Elend

Ritter Kunz von Stein war ein armer Kerl ohne Vermögen, aber mit grossen Träumen. Er suchte nach der wahren Liebe. Eines Nachts ritt er auf die zerfallene Burg Windegg zu und suchte Schutz hinter deren verlassenen Mauern. Plötzlich sah er Licht oben im Turm. Neugierig geworden, stieg er die Wendeltreppe hinauf. Er staunte nicht schlecht, als er in ein hell erleuchtetes Zimmer trat, der Tisch reichlich gedeckt mit den köstlichsten Speisen. Am Erkerfenster sass eine schöne Jungfrau. Ritter Kunz stellte sich vor. Sein Magen knurrte. Mit einer Handbewegung lud die Frau ihn zu Tisch. Kunz stellte viele Fragen, doch als Antwort erhielt er jeweils einzig ein bezauberndes Lächeln. Sie muss stumm sein, dachte Kunz, was ihn wenig bekümmerte. Er hatte sich verliebt, nahm all seinen Mut zusammen und hielt um ihre Hand an. Die schöne Jungfrau willigte lächelnd ein, nahm ihn bei der Hand und führte ihn zur Burgkapelle. Orgelmusik erklang. Fledermäuse stoben auf. Kunz staunte nicht schlecht, als er an unzähligen Statuen von Rittern, Burgherren und Adelsfrauen vorbeiging. Jede steinerne Figur erwachte zum Leben, kaum hatte die Jungfrau sie berührt.

Am Altar wartete schon der Pfarrer. Kunz bekam es mit der Panik zu tun. Er zögerte. Da zeigte sich am Himmel die Dämmerung. Und plötzlich rief eine Stimme: «Noch nicht erlöst! Oh seliger Tag!» Es war zu spät, der Fluch auch diesmal nicht gebrochen. Alle zum Leben erweckten Statuen wurden wieder zu Stein, so auch die Jungfrau.

Ritter Kunz floh von der Burg und fand Unterschlupf in einem Kloster. Bis ins hohe Alter trauerte er der verpassten Chance, die verfluchte Jungfrau von ihrem steinernen Leben zu erlösen, nach.

Seit 1914 steht auf den Grundmauern der Ruine Oberwindegg das Schlössli Niederurnen. Die behauenen Steine der Burg brach man bereits um 1640 für die Terrassierung des Weinberges ab.

Adresse Restaurant Schlössli, Schlössli 1, 8867 Niederurnen, www.schloessli-niederurnen.ch | **Anfahrt** A 3, Ausfahrt Niederurnen, den Wegweisern Niederurnen folgen, im Dorf links in die Schulstrasse einbiegen, am Gemeindehaus Glarus Nord parkieren und kurzem Fussweg hinauf zum Schlössli folgen | **Öffnungszeiten** Mi – Sa 10 – 22 Uhr, So 9.30 – 21 Uhr, Mo, Di Ruhetag | **Tipp** Loderndes Feuer, glühende Kohlen und heisse Eisen kann man in der Hammerschmiede Mühlehorn bestaunen. Der Künstler und Schmied Christian Zimmermann zeigt Schmiedekunst, die Jahrhunderte überdauert hat (Hammerschmiedeweg 7, 8874 Mühlehorn, www.hammerschmiede.com).

33_Sankt Peter Mistail

«Was Ihr seid, das waren wir.»

Sie ist eine der ältesten Kirchen der Schweiz – man datiert sie auf das Jahr 800 – und die einzige karolingische Dreiapsidenkirche, die unverändert die Zeit überdauert hat. Die Karolinger waren ein grosses Herrschergeschlecht der westgermanischen Franken, ihr berühmtester Vertreter war Karl der Grosse.

Sankt Peter Mistail steht in Alvaschein, einem kleinen Dorf im Albulatal auf rund 1.000 Meter Höhe, abgeschieden auf einem Felsplateau am Eingang zur Schynschlucht. Die Kirche ist ein kulturhistorisches Denkmal von europäischer Bedeutung. Sie war Teil des Frauenklosters Wapitinis mit zugehörigem grossen Hofkomplex. Doch die Nonnen wurden schon früh vertrieben und das Kloster 1154 aufgehoben. Archäologische Untersuchungen haben ergeben, dass die Kirche auf den Mauern eines noch älteren Sakralbaus steht. Mehr weiss man aber nicht. Immer wieder wechselte der Besitzer, bis die Kirche letztlich der Gemeinde Alvaschein zugesprochen wurde. 1397 weihte man die Kirche Sankt Peter Mistail erneut, und bis 1679 wurde sie als Bestattungskirche genutzt.

Innen hat die Kirche ihren ursprünglichen Charakter bewahrt. Man fühlt sich leicht ins Mittelalter zurückversetzt. Die Wandmalereien, welche die Innenwände zieren, sind in vier Schichten angelegt. Von den karolingischen Fresken sind nur noch spärliche Überreste an der Seitenwand des Schiffes übrig. Gotische Kunstwerke schmücken die Wände der Apsiden. Ein vermutlich einheimischer ‹Meister› hat sich an die Nordwand gewagt und einen eher archaischen heiligen Gallus gemalt. An den Stirnwänden und an der Mittelapsis findet man Fragmente barocker Kunst.

Eindrücklich ist das Beinhaus, Knochen über Knochen, die einem die Vergänglichkeit des Lebens vor Augen führen. So auch der Spruch, der auf einer Holztafel mitten unter den Gebeinen geschrieben steht: «Was wir sind, das werdet Ihr. Was Ihr seid, das waren wir.»

Adresse Mistail, 7451 Alvaschein | **Anfahrt** A 13, Ausfahrt Thusis-Süd Richtung Albula, den Tunnel Alvaschein nehmen, nur ein paar Meter nach der Ausfahrt Alvaschein befindet sich rechts ein Parkplatz, ein Fussweg führt zur Kirche | **Öffnungszeiten** täglich 8–18 Uhr | **Tipp** Zum Nachtschlitteln bringt Sie der Zug auf der UNESCO-Welterbe-Strecke von Bergün nach Preda. Zurück ins Tal rauscht man die sechs Kilometer auf Schlitten. Im Winter täglich ab 9.30 Uhr offen, Nachtschlitteln Di–So bis 23 Uhr (www.berguen-filisur.ch).

34 Die Menhire von La Mutta

Heidnische Hinkelsteine und Outlander-Feeling

Menhire sind grosse, aufrecht stehende Steinblöcke, ähnlich jenen Hinkelsteinen, die Obelix mit sich herumträgt. Meist stehen sie in einer linearen oder kreisförmigen Anordnung. Sie stammen aus der Bronzezeit, und eigentlich weiss man wenig über sie. Stark verbreitet sind sie in Westeuropa, vor allem in Frankreich und England. Sofort kommt einem die Serie «Outlander» in den Sinn und der Steinkreis, der über magische Kräfte verfügt und die Heldin in eine andere Zeit katapultiert.

Will man sich also ein kleines Stück Magie und Geschichte ergattern, sollte man nach Graubünden fahren – in die Surselva. Am südlichen Dorfrand von Falera auf rund 1.250 Metern über Meer gibt es einen kleinen Hügel, auf dem eine der ältesten Kirchen des Kantons thront. Sie wurde gebaut, um dem heidnischen Glauben zu trotzen, den die 36 Menhire von La Mutta darstellen. Wohl vergeblich. Selbst über die Jahrtausende hinweg scheinen die ‹Hinkelsteine› unvergänglich, tragen das Mystische mit sich ins 21. Jahrhundert, ziehen Besucher, Archäologen und Einheimische in ihren Bann.

Sie sind wahrhaft majestätisch. Still und schwer stehen sie seit über 3.000 Jahren da auf dieser Wiese – auch wenn sie zwischenzeitlich am Boden lagen und wieder aufgestellt werden mussten –, ausgerichtet nach den Gestirnen und der Sonne. Sie vereinen Astronomie, Mathematik, Kultur, Religion und Geschichte in sich. Erschaffen zwischen 1500 und 1200 vor Christus, erstreckt sich die Anlage über 400 Meter. Es sind Findlinge aus Granit und Diorit, der grösste Stein ist über zwei Meter hoch. Die Megalith-Kultstätte steht unter archäologischem Schutz. Man vermutet, dass sie zur Berechnung der Kalendertage und für heidnische Zeremonien angelegt wurde.

Der einen Kilometer lange Rundgang zu den Steinen ist frei zugänglich, Infoblätter liegen bereit. Im Sommer kann man auch an einer Führung teilnehmen.

Adresse Parc La Mutta, 7153 Falera | **Anfahrt** Ausfahrt Reichenau, der Hauptstrasse Richtung Flims / Laax folgen, im Zentrum Laax rechts auf die Via Principala abbiegen und bei der grossen Kreuzung wieder rechts auf die Via Falera, nach 2,5 Kilometern liegt links am Dorfeingang von Falera der grosse Parkplatz | **Tipp** Um gleich noch mehr über unsere Gestirne zu erfahren, lohnt sich der 1,5 Kilometer lange Planetenweg. Ein Meter Weg entspricht vier Millionen Kilometern in unserem Universum. Ausgangspunkt ist die Via Er Liung am östlichen Dorfrand von Falera.

35__Val Sinestra

Wo Geister und Kurgäste sich wohlfühlen

Seit 1.000 Jahren schon kennt man die Heilkraft der Mineralquelle Val Sinestra. «Aua forta» nennt man es, das starke Wasser. Es soll bei Nervenerkrankungen, Blutarmut, Hautkrankheiten und Rheuma helfen. Ende des 19. Jahrhunderts baute man deshalb das Berghaus, ein bescheidenes Kurhaus. 1912 folgte das grosse Kurhaus Val Sinestra, um die Flut der anreisenden Kurgäste zu beherbergen, die sich von den Quellen Linderung erhofften. Viel Prominenz ehrte den Ort mit ihrem Besuch. Das Jugendstilhaus aus der Belle Époque ist ein prächtiges zehnstöckiges Gebäude, halb Schloss, halb Sanatorium, am Hang stehend, eingebettet in Nadelwälder und mit einem rauschenden Bach, der Brancla, vor sich. Es liegt mitten in rauer und unzerstörter Natur auf 1.500 Meter Höhe, fernab von der nächsten Siedlung.

Der Fortschritt in der Medizin und der Chemie verdrängte leider die Nachfrage nach natürlichen Bade- und Trinkkuren. 1970 musste das Val Sinestra geschlossen werden. Aber schon acht Jahre später öffnete es wieder seine Türen als Ferienhotel in neuem Glanz. Gäste, welche die Natur und Ruhe suchen, sind in diesem abgelegenen Tal genau richtig. Das Berghaus dient heute als Gruppenresidenz und Sommerrestaurant. Abseits vom Skitourismus zeigt sich das Engadin hier von seiner prächtigsten Seite – und seiner unheimlichsten.

Seit der Wiedereröffnung 1978 kursieren immer wieder Gerüchte, dass es in dem Hotel spukt. Ein Geisterwesen huscht durch die Gänge, Gegenstände bewegen sich, Türen und Fenster gehen grundlos auf oder zu. Ist es die Phantasie der Gäste, die in diesem verlassenen Tal angeregt wird – oder treibt tatsächlich ein Geist sein Unwesen? Die Angestellten nehmen es gelassen. Sollte es wirklich einen Hausgeist geben, dann ist er friedlich gestimmt und harmlos. Deshalb hat man ihm auch einen Namen gegeben. Hermann ist mittlerweile ein Mitglied im Team des Val Sinestra.

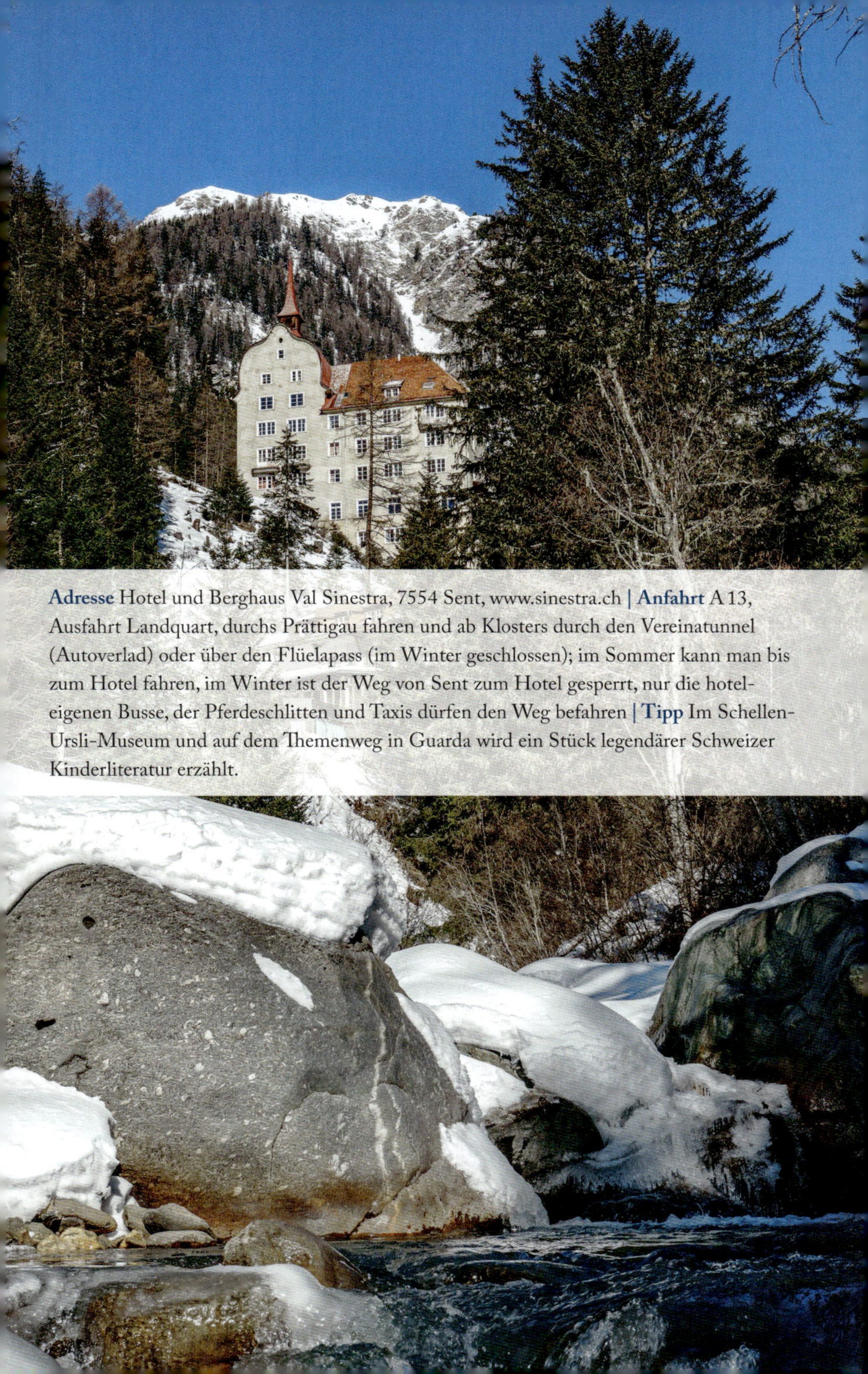

Adresse Hotel und Berghaus Val Sinestra, 7554 Sent, www.sinestra.ch | **Anfahrt** A 13, Ausfahrt Landquart, durchs Prättigau fahren und ab Klosters durch den Vereinatunnel (Autoverlad) oder über den Flüelapass (im Winter geschlossen); im Sommer kann man bis zum Hotel fahren, im Winter ist der Weg von Sent zum Hotel gesperrt, nur die hoteleigenen Busse, der Pferdeschlitten und Taxis dürfen den Weg befahren | **Tipp** Im Schellen-Ursli-Museum und auf dem Themenweg in Guarda wird ein Stück legendärer Schweizer Kinderliteratur erzählt.

36 Der alemannische Krieger

Ein Grabhügel, der die Zeiten überdauert hat

Von Tragödien blieb Tamins nicht verschont. Vier Feuersbrünste hat es überstanden und auch den Einfall der Franzosen. Doch mitten im Dorf steht wie eh und je der Kirchhügel, der die Zeiten überdauert hat. Ganz oben thront die inzwischen denkmalgeschützte Kirche mit dem Friedhof. Dieser Hügel ist Ruhestätte für Verstorbene, seit es Menschen in diesem Tal gibt. Gräberfunde belegen, dass schon in der Eisenzeit Leichname hier beigesetzt wurden und später dann auch römische Siedler.

Archäologisch besonders wertvoll ist der Fund eines alemannischen Kriegers aus dem 5. oder 6. Jahrhundert. Die frühmittelalterlichen Herrschaftsgebiete der Alemannen lagen im heutigen Süddeutschland, in der Deutschschweiz, in Liechtenstein, im Elsass und in Vorarlberg. Laut römischen Quellen wurde das alemannische Reich von unterschiedlichen Stämmen regiert. Könige mit mystischen Namen wie Chnodomar, Hortar, Suomar und Ur führten die Alemannenstämme an. Sie beteten zu altgermanischen Gottheiten wie Wodan und Frîja, verehrten Bäume, Flüsse, Hügel und opferten Tiere, indem sie ihnen die Häupter abschlugen. Alemannische Seher waren wichtige Persönlichkeiten in ihrer Gemeinschaft und Teil ihrer Kultur.

Die Alemannen fochten viele Kriege, meist gegen die Römer. In der Schweiz weiss man von der Schlacht bei Windisch im Aargau im Jahr 298 nach Christus, welche die Alemannen verloren. Rund 300 Jahre später mussten sie sich den Franken endgültig unterwerfen. Meist verbrannten sie ihre Toten, daher existieren heute nur wenige archäologisch bedeutsame Grabfunde. Der Krieger in Tamins ist eine solche Ausnahme.

Besteigt man also den Kirchhügel und setzt sich für ein Weilchen auf eine Bank, geniesst die Stille und die frische Bergluft und schliesst die Augen, so fühlt man sich plötzlich als Teil unserer eigenen Vergangenheit. Und wer weiss, vielleicht schaut auch Chnodomar noch ab und zu nach dem Grab seines Kriegers.

Adresse Kirchweg, 7015 Tamins | **Anfahrt** A 13, Ausfahrt Reichenau, weiter Richtung Flims/Disentis, nach circa einem Kilometer rechts die Strasse hoch zum Dorfplatz von Tamins, wo man parkieren kann und direkt vor dem Kirchhügel steht | **Tipp** Am Zusammenfluss von Hinter- und Vorderrhein, am Geburtsort des Alpenrheins, liegt das Schloss Reichenau mit angeschlossener Weinkellerei. Familie von Tscharner öffnet gerne ihren Weinkeller und die Schlosssäle für Hochzeiten und Events jeglicher Art (www.reichenau.ch).

37__Via Mala – kein guter Weg

Wilde Schönheit – ungezähmt und tödlich

Die acht Kilometer lange Viamala-Schlucht ist berüchtigt. Hier frisst sich der Hinterrhein zwischen Thusis und Zillis tief in das Alpengestein, stürzt zwischen engen, steilen, bis zu 300 Meter hohen Felswänden ins Tal und wirbelt in Strudellöchern empor. Wunderschön türkisblau glitzert der Fluss an sonnigen Tagen, aber schwarz und dunkel donnert er in Sturmnächten durch die engen Felsspalten.

Die tiefe Viamala-Schlucht war seit jeher das grösste Hindernis auf der Unteren Strasse von Chur zu den Alpenpässen Splügen und San Bernardino. Doch sie wurde schon sehr früh überwunden. Felszeichnungen aus der Bronzezeit belegen, dass 1.500 Jahre vor Christus die ersten Menschen den Saumpfad nutzten. Später kamen die Römer. Im Mittelalter verfiel die Strasse langsam, da viel häufiger die Obere Strasse über den Septimerpass genutzt wurde. Die Viamala war gefährlich und unberechenbar. Daher auch der Name: schlechter Weg.

1473 wurde die beeindruckende steinerne Brücke Punt da Tgiern erbaut und der alte römische Weg saniert. 1738–1739 kamen zwei weitere Brücken hinzu, eine davon ist die berühmte Wildener Brücke. Doch 1834 zerstörte ein Hochwasser grosse Teile der Strasse. Die heutige Kantonsstrasse entspricht dem Strassenverlauf von 1836.

Bei der Wildener Brücke ist ein Besucherzentrum errichtet worden. Über 300 Treppenstufen führen vom Kiosk hinunter in die Schlucht. Und plötzlich fühlt man sich ganz klein und unbedeutend, steht man dem wilden, ungezähmten Wasser gegenüber. Friedlich, so scheint es, fliesst der Hinterrhein durch die enge Schlucht. Der Schein trügt, weiss man doch, zu welch unbändiger Macht das Wasser sich auftürmen kann. Die Toten hat wohl niemand gezählt, die der Fluss in den letzten 3.000 Jahren mit sich genommen hat. Viele müssen es gewesen sein, glaubt man den Geschichten, die das gleichnamige Buch und auch ein Film über die Viamala erzählen.

Adresse Besucherzentrum Viamala-Schlucht, 7430 Thusis, www.viamala-schlucht.ch | **Anfahrt** A 13, San Bernardino, von Norden her die Ausfahrt Viamala P nehmen, von Süden her die Ausfahrt Zillis Viamala | **Tipp** Im Bouldering-Paradies «Magic Wood» in Ausserferrera kann man den Kletterprofis beim Bouldern, dem freien Klettern an Felsblöcken, zuschauen oder einfach die herrliche Natur geniessen (www.valferrera.com).

38 Das goldene Kegelspiel

Ein Spiel um Leben und Tod dreier stolzer Ritter

Zwischen Trimmis und Zizers liegt die Schlossruine Ruchenberg. Sie ist schwer zu finden und verlangt nach Abenteuerlust in der Bündner Wildnis. Man wandert durch ein trockenes Flussbett, einen bewaldeten, steilen Hang hoch und klettert über den Burggraben. Aber es ist ein Aufstieg, der sich lohnt!

Auf der Ruine soll es schon seit Langem spuken, und man erzählt sich die Geschichte vom Bauern, der drei stolze Ritter im Spiel geschlagen hat. Er ging eines Tages an der Burg vorbei und hörte seltsames Schlagen, so als ob zwei Eisenhämmer gegeneinanderprallten. Grelles Licht blitzte auf, und ein roter Schein umgab das Gemäuer.

Im Schatten eines Strauches versteckte sich der Bauer und beobachtete im Burghof drei stolze, kräftige Ritter in ihren Rüstungen. In der Hand hielt jeder eine Kugel, und auf dem Rasen standen neun grosse Kegel. Sie waren aus feinstem Gold gefertigt. Kaum nahm der eine Ritter Anlauf und schleuderte seine Kugel, zerbarst das Kegelspiel, es krachte und blitzte, und Funken stoben in den Himmel. Acht Kegel fielen, einer trotzte der Gewalt. Lange sah der Bauer dem Schauspiel zu. Doch ganz egal, wie kräftig die Ritter ihre Kugeln schleuderten, nie rissen sie alle neun Kegel zu Boden.

Der Bauer, der selbst ein guter Kegler war, konnte seinen Ehrgeiz kaum zügeln. Als sich die Ritter endlich im kühlen Schatten der Burgmauern zu einem Nickerchen hinlegten, schlich er sich über den Rasen, stahl eine Kugel und schleuderte sie mit aller Kraft gegen die goldenen Kegel. Ein Volltreffer! Alle neune fielen krachend und blitzend um. Die Ritter wachten auf, totenbleich und schreiend. Ein Donnerschlag riss den Boden auf und verschlang die drei stolzen Männer mitsamt ihrem Kegelspiel. Sie wurden nie mehr gesehen. Der Bauer bereute bis zu seinem Tod seine Tat. Hatte er doch um das Leben der Männer gespielt und verloren.

Adresse Ruchberg, 7203 Trimmis | **Anfahrt** Trimmis liegt an der A 13, von Norden her die Ausfahrt Zizers nehmen, von Süden her Chur-Nord, südlich vom Dorf findet man im Wald das Auffangbecken der beiden Bergbäche Hirschbach und Scalärarüfi; von diesem (meist trockenen) Auffangbecken führt ein Waldweg hoch zur Ruine, ein steiler Aufstieg und eine kleine Kletterpartie über den Burggraben liegen vor einem | **Tipp** Im «Rock'n Bowl» im City West in Chur gibt es Bowling und mehr für Jung und Alt, ganz in Wildwestmanier. Bullenreiten und ein Drink im Saloon dürfen natürlich nicht fehlen (www.rockandbowl.ch).

39__Munt Sogn Gieri

Hexen, Ruinen und eine Drachen-Prophezeiung

Die zwei Steinsäulen des früheren Galgens stehen da auf diesem kleinen Hügel, mitten im Wald, umgeben von Bergen. Die Luft ist rein, es ist still und friedlich. Doch der Schein trügt. Würden die Seelen unschuldig zu Tode verurteilter Menschen keine Ruhe finden, so würde auf dieser Richtstätte wohl ein wahres Gedränge herrschen. Vielleicht spürt man es auch, wenn man sich einen Moment auf die Bank davor setzt und dem Wind lauscht. Thrina Joss Jon Ping fand hier 1652 den Tod, mit ihr ein Dutzend weitere vermeintliche Hexen, Hexenmeister und Ketzer. 1718 wurde Regula Conzin verbrannt. Danach gab es keine Hexenprozesse mehr in Waltensburg.

Doch der Ort in der Region Surselva hat noch mehr zu bieten. Da wäre die Burgruine Munt Sogn Gieri oder Ruine Jörgenberg, wie man sie auch nennt. Sie liegt etwa 600 Meter hinter dem Galgen, einfach dem Waldweg folgen. Im Kanton Graubünden ist sie eine der grössten Ruinen und noch gut erhalten. Bereits 756 wird sie in alten Schriften erwähnt. Gegen Norden und Osten hin durch steile Felswände uneinnehmbar, boten ihre dicken Mauern gegen Südwesten hin Schutz vor Angreifern. Die Besitzer wechselten häufig. 1580 war die Burg das letzte Mal bewohnt und wurde ab dem 17. Jahrhundert dem Verfall überlassen. Doch das tut ihrem Charme keinen Abbruch. Heute gibt es einige Picknickplätze und Feuerstellen bei der Burg, eine sogar mitten im Burghof. Und auch wenn nicht mehr alle Mauern stehen, so gibt es doch unzählige Winkel und Ecken zum Erkunden und Spielen.

Auch der steile Abstieg zur spektakulären Höhlenburg Kropfenstein lohnt sich. Die Mauerreste scheinen an der senkrecht abfallenden Felsenwand zu kleben. Und wer noch mehr Mystisches sucht, dem sei prophezeit, dass eines Tages ein ungeheurer Drache aus den Tiefen des Sumpfes im Tal' der Ogna da Pardiala, einer geschützten Auenlandschaft, emporsteigen und eine grosse Überschwemmung mit sich bringen wird.

Adresse Munt Sogn Gieri, 7158 Waltensburg | **Anfahrt** A 13, Ausfahrt Reichenau, dann auf der Hauptstrasse 19 Richtung Flims/Disentis, nach 30 Kilometern rechts die kurvige Strasse hoch nach Waltensburg nehmen, gleich bei der Bushaltestelle Mt. S. Gieri ist rechts der Wegweiser zur Richtstätte und Ruine (Parkplätze vorhanden), von dort 1 Kilometer langer Fussweg | **Tipp** Im schmucken Dorfkern von Valendas steht der grösste Holzbrunnen Europas mit der Brunnennixe, die über ihn wacht.

40__Der verzauberte Wald

… oder: auf der Suche nach der Fee in der Grotte

Boncourt liegt nahe der französischen Grenze. Es ist ein Agrar- und Industrieort. 1814 wurde hier eine Tabakfabrik gebaut, die mittlerweile einem internationalen Konzern gehört und rund 600 Angestellte beschäftigt. Aber die Industrialisierung kann dem kleinen Ort nichts anhaben. Er ist magisch und hat viel zu bieten. Der alte Dorfkern mit Häusern aus dem 18. und 19. Jahrhundert lockt zum Verweilen. Auf einem Hügel südwestlich des Dorfes liegen die Überreste einer römischen Siedlung. 20 Kreuze in Erinnerung an wichtige Ereignisse und Personen zieren Boncourt, verschieden in Grösse, Material und Aussehen.

Ausserhalb des Dorfes ragen die Überreste des Turms der Burg Milandre in die Höhe. Ganz in der Nähe liegt auch der Eingang zu einer einzigartigen Grotte. Sie ist mit über zehn Kilometern eine der längsten Tropfsteinhöhlen der Schweiz. In ihr soll Arie leben, die in vielen Sagen und Legenden beschrieben wird, manchmal als Fee, manchmal als weisse Hexe. Gut möglich, dass sich Arie noch heute mit ihrem Schatz in der Grotte de Milandre versteckt. Sie soll der modernen Welt nicht zugetan sein und badet lieber in den kleinen unterirdischen Quellen, die ihr ewige Jugend bescheren. Die Grotte ist ohne Ausrüstung und Führer nicht frei zugänglich, man kann sich aber beim Spéléo-Club Jura, einem Höhlenforscherclub, nach Führungen erkundigen.

Wer es weniger abenteuerlich, dafür märchenhafter mag, der geht in den Wald von Boncourt. Nein, es ist nicht irgendein Wald. An diesem verwunschenen Ort leben Hexen und Zwerge, Ritter und Mönche. Man begegnet auch Tim und Struppi oder Asterix und Obelix. Macht man sich auf, den ganzen Panorama-Rundgang «Sentier des Faînes» zu begehen, es sind fast fünf Kilometer, so kommt man vorbei an einem Labyrinth, einer kanadischen Hütte und einem Aussichtsturm, von dem aus man bei schönem Wetter bis in die Vogesen blicken kann.

Adresse Route du Mont-Renaud, 2926 Boncourt, www.sentier-des-faines.com | **Anfahrt** A 16, Ausfahrt Boncourt, der Hauptstrasse nach Boncourt folgen, beim zweiten Kreisel rechts auf die Route de France Richtung Dorfzentrum, vor der Tankstelle links den Hang hoch, der Weg zum Parkplatz des «Fôret Enchantée» ist beschildert | **Tipp** Früher donnerten sie über die amerikanischen Prärien. Heute kann man sie auch im Jura in freier Wildbahn erleben, im Bison Park in Boncourt (www.jura-bison.com).

41 Die Millennium-Eiche

30 Generationen Menschheitsgeschichte überlebt

Sie ist die Grande Dame der Bäume, die wohl älteste Eiche in ganz Europa, ein Prachtexemplar mit fast neun Metern Stammumfang. Man fragt eine Dame nicht nach ihrem Alter, aber an die 1.000 Jahre dürften es schon sein. So sieht sie auch aus, in die Jahre gekommen. Knorrig und trocken stehen ihre Äste ab wie knochige Finger, der Stamm ist mit Beulen und Kerben übersät, die von Blitzeinschlägen stammen. Das gab ihr auch den Übernamen «Chêne des Bosses», Eiche der Beulen. So still und mächtig sie auch einsam auf dieser Kuhweide steht, so ist sie keinesfalls harmlos. Schilder warnen vor ihr. Ein Zaun schützt sie – oder doch eher die Besucher? Gefahr droht durch herabstürzende Äste, ein dicker liegt schon neben ihr im Gras. Mit Drahtseilen hält man die Eiche, so gut es geht, in Form.

Aber es lohnt sich, einen Moment innezuhalten und seinen Geist mit dem des Baumes zu verknüpfen. Vielleicht gelingt es, vielleicht ist es auch nur die Phantasie, die sich einmischt. Die Eiche ist ein Lebewesen. Sie hat die Geschichte von 1.000 Jahren zu erzählen, Leid und Glück gesehen, Hitze und Kälte überstanden. Wie viele Kriege und Kämpfe sie wohl miterlebt hat? Wie oft hat sich eine unglückliche Seele unter ihrem schützenden Blätterdach ausgeweint? Wie oft haben sich Liebende hier heimlich vereint? Wie viele Kinder haben um den Baum einen Reigen getanzt? Und wie viele Kühe und Schweine haben ihren Rücken an der Rinde gekratzt oder von ihren Eicheln gegessen?

Es gibt unzählige Legenden und Geschichten, in denen Eichen erwähnt werden. In alten Mythen und Sagen gilt die Eiche als heiliger Baum, ein Lebensbaum, unter welchem auch oft Gericht gehalten wurde. Die Eiche ist ein Symbol der Ewigkeit und in vielen Wappen zu finden. Der Volksglaube besagt, dass Eichen häufiger als andere Bäume vom Blitz getroffen werden, auch wenn der wissenschaftliche Beweis dafür fehlt.

Adresse Chêne Millénaire, 2843 Châtillon | **Anfahrt** A 16, Ausfahrt Delémont-Est, über Courrendlin der Beschilderung nach Châtillon folgen, oder Ausfahrt Delémont-Ouest nehmen und über Courtételle nach Châtillon fahren, im Dorf dem Wegweiser zur Eiche bis zum Parkplatz folgen, von dort ist es ein kurzer Spazierweg | **Tipp** Gehen Sie barfuss! Ein zwei Kilometer langer Kneipp-Erlebnispfad stimuliert die Fusssohlen. Stroh, Schlamm, Sand, eisiges Wasser … Ein Stück Wellness in der Natur, jederzeit offen (www.sentierpiedsnus.ch).

42 Der geheime Rundgang

Wo alte Mauern geheimnisvolle Geschichten erzählen

Nein, Rapunzel lässt kein Haar über die Turmmauer herunter, da muss man schon die Treppe hochsteigen, die sich aussen am Réfous-Turm emporwindet. Der runde Bergfried aus dem Jahr 1271 ist der älteste Teil des Château de Porrentruy. Oben geniesst man dann erst einmal den Ausblick über das historische Städtchen mit seiner malerischen Altstadt und den schmucken Bürgerhäusern. Porrentruy, auf Deutsch auch Pruntrut genannt, ist der Hauptort der Region Ajoie und nach Delémont die zweitgrösste Stadt im Jura.

Doch plötzlich hört man es, das gespenstische Summen, das Heulen des Windes, der im Turminneren entlang der Wände streift. Schaurig-schön. Mit einer Hand stösst man die hölzerne Tür auf, hält sich zur Sicherheit mit der anderen noch am Treppengeländer fest, nicht dass einen der Wind gleich vom Turm fegt. Man tritt ein. Es ist dunkel. Licht blitzt auf. Man kann sich den Geistern nicht entziehen. Die Tür kracht hinter einem ins Schloss. Die Sonne wirft ihre wenigen Strahlen durch eine einzige Schiessscharte auf eine hölzerne Kiste in der Mitte des Turmzimmers. Schattenlichter tanzen an der Mauer. Da! Eine Knochenhand! Ein Dinosaurier! Und noch einer!

Jura Tourismus präsentiert sein Städtchen Porrentruy auf eine einzigartige Weise: mit dem «Rundgang der Geheimnisse» oder auf Französisch «Circuit Secret». Beim Touristenbüro in der Rue du 23-Juin holt man sich den Schlüssel ab, ganz modern als Badge, und dazu die Karte der verborgenen Geheimnisse.

Der Spaziergang führt zu geheimen Plätzen im Schloss und in der Altstadt. Auf der Tour, die man ohne Führer unternehmen kann, erfährt man von Dinosauriern und flüchtenden Hexen, sie bringt einen hinab in ein düsteres Verlies, wo der zum Tode verurteilte Pierre Péquignat seine Geschichte erzählt. Oder zu einem Sodbrunnen mit alten Münzen und am Ende zur Zisterne mit der geflügelten Schlange.

Adresse Jura Tourisme, Rue du 23-Juin, 2900 Porrentruy, www.juratourisme.ch | **Anfahrt** A 16, Ausfahrt Porrentruy-Est, Beschilderung ins Zentrum folgen, die Altstadt und das Schloss erkundet man am besten zu Fuss | **Tipp** Wie wäre es mit Pferdetrekking zu den Höhlen von Réclère mit einem traumhaften 360-Grad-Panorama? Monika Gigandet von «Equirando Les Grottes» hat für jeden das passende Pferd und spricht auch Deutsch (www.equirandolesgrottes.ch).

43_Étang de la Gruère

Fichten, Torfmoor und dunkler See: Märchenland

Wer die Ruhe liebt, die Stille, die Einsamkeit, ist hier richtig – und doch nicht ganz. So beschaulich der dunkle Moorsee den Himmel spiegelt, gesäumt von dichten Nadelbäumen, so voller Leben steckt er doch. Man könnte fast meinen, man sei in Finnland oder Kanada. Würden Gnome, Feen oder Einhörner aus dem Dickicht auf den weichen Waldpfad treten, man würde sich nicht wundern. Ein Sumpfdrache könnte emporsteigen, Bären am Ufer nach Fischen angeln oder Wölfe im Rudel heulen – man würde es glauben. Wenn das hier nicht verwunschenes Land ist, was dann?

Dabei liegt der See nur ein paar Schritte von der Strasse zwischen Tramelan und Saignelégier entfernt im Schutz des Waldes in einer Mulde auf einem kleinen Hochplateau. Er ist 600 Meter lang und misst an der tiefsten Stelle gerade einmal fünf Meter. In etwa 45 Minuten hat man ihn zu Fuss umrundet. Seine dunkle braune Färbung erhält er durch den natürlichen Umwandlungsprozess von Pflanzenresten in Torf.

Der Étang de la Gruère ist Naturschutzgebiet. Im Sommer wird hier gebadet, im Winter eisgelaufen. Die einsame Ruhe findet man im Frühling oder Spätherbst, wenn Nebelschwaden über das Wasser ziehen und eine mystische Stimmung hervorrufen.

Das Hochmoor erstreckt sich über 56 Hektar und hat sich im Verlauf von 12.000 Jahren gebildet. Im 17. Jahrhundert wurde der See angelegt, um eine Mühle anzutreiben. Wohl befindet sich unter der Erde noch immer eine sechs bis neun Meter dicke Torfschicht, doch der Wald hat das Gebiet längst zurückerobert. Das tut dem Zauber der Gegend aber keinen Abbruch. Die Fichten, Föhren und Birken scheinen den See zu bewachen, ihn zu umschliessen, das Geheimnis seiner Magie zu wahren. Moose, Heidelbeersträucher und Rosmarinheiden bestimmen die Vegetation. Es ist ein traumhafter Ort, um die Seele baumeln zu lassen, am Ufer entlangzuschlendern und dem Summen der Insekten zu lauschen – und vielleicht auch dem Flüstern des Moorsees.

Adresse Étang de la Gruère, 2350 Saignelégier | **Anfahrt** A 5, Ausfahrt Tavannes, weiter Richtung Tramelan / Saignelégier, knapp 3 Kilometer nach Tramelan steht links ein Sägewerk (gegenüber hat es Parkplätze), zu Fuss am Sägewerk vorbei der Beschilderung zum See folgen | **Tipp** Der Käse «Tête de Moine» ist älter als die Schweiz. Die Mönche von Bellelay nutzten ihn als Zahlungsmittel. Im «Maison de la Tête de Moine» kann man seine Geschichte erfahren, die Schaukäserei und den Käsekeller besuchen und ihn natürlich degustieren (www.maisondelatetedemoine.ch).

44_Heilige Kolumba

Die heilenden Kräfte einer Steinzeithöhle

Die Grotte Sainte-Colombe liegt ausserhalb von Undervelier direkt an der Strasse. Sie ist nicht zu übersehen, der Eingang ist gewaltig: 26 Meter breit und sieben Meter hoch. Betritt man die Höhle, steht man zuerst vor einem Steinkreuz. Rund 30 Meter reicht die Grotte ins Innere des Felsens hinein. Dort entspringt eine kleine Quelle. Dem Wasser wird eine wundersame Heilkraft zugesprochen. Es sammelt sich in einem kleinen quadratischen Becken, über das die heilige Kolumba von Sens wacht. Einige Regale stehen daneben, mit Spendengaben gefüllt. Kerzen brennen. Eine Sitzbank lädt zum Nachdenken ein.

Jedes Jahr am 15. August pilgern Gläubige zur Grotte, weil sie sich Heilung erhoffen. Schon im Mittelalter wurde die Höhle als Wallfahrtsort aufgesucht. Doch die Geschichte dieses Ortes reicht noch viel weiter zurück. Archäologische Untersuchungen belegen, dass auch die Römer hier waren. Man fand Tonscherben aus der Bronzezeit, und prähistorische Feuersteine und Tierknochenfunde weisen darauf hin, dass die Grotte bereits in der Steinzeit begehrt war. Aber nicht nur Menschen haben sich hier niedergelassen. So soll die Höhle auch von Bären als Unterschlupf genutzt worden sein.

Den Namen hat die Grotte von der heiligen Kolumba, vermutlich eine Spanierin. Als Christin weigerte sie sich, den Sohn des römischen Kaisers Aurelius zu heiraten. Sie floh vor der Christenverfolgung in den Jura. 273 soll sie im französischen Sens als Jungfrau und Märtyrerin hingerichtet worden sein. Dass die heilige Kolumba tatsächlich in der Höhle gelebt hat, ist nicht bewiesen. Andere Quellen vermuten eine druidische Priesterin, die noch vor Kolumba der Grotte ihre heilende Kraft zusprach.

Aber ganz egal, diesen mystischen, alle Zeiten überdauernden Reiz strahlt die Grotte auch heute noch aus. Und sie wird rege besucht, viel Zeit für ein privates Zwiegespräch mit sich oder der Heiligen bleibt nicht.

Adresse Route Cantonale, 2863 Undervelier | **Anfahrt** A 16, Ausfahrt Glovelier, in Glovelier links Richtung Bassecourt und danach rechts nach Undervelier, die Grotte befindet sich noch vor dem Dorf auf der rechten Seite | **Tipp** Im Puppenmuseum Temps de Rêves in Saulcy hat Marie-Thérèse Weber ihre über 450 Puppen liebevoll je nach Jahreszeit dekoriert (jeden 2. und 4. Sonntag im Monat 13–18 Uhr, www.tempsdereves.ch).

45 Schloss Heidegg

Dichter Nebel, eine Edelfrau und plündernde Haudegen

Rund um den kleinen Baldeggersee im Seetal zwischen dem Aargau und Luzern standen früher zahlreiche Burgen österreichischer Edelleute. Nach der Schlacht von Sempach 1386 zogen jedoch die siegreichen Eidgenossen jubelnd und plündernd durchs Land, vertrieben die Österreicher, brannten ihre Burgen nieder und raubten die Frauen.

Auf Schloss Heidegg lebte damals eine gute Edelfrau, allein zurückgelassen mit ihren Mägden. Rund um den See sah sie die Feuer der geplünderten Burgen. Verängstigt erwarteten die Frauen ihr tragisches Schicksal. Die Eidgenossen waren kampfeswütig und unberechenbar. Bereits hörten sie die Männer polternd und schreiend den Wald zum Schloss hinaufstürmen. Die Edelfrau suchte Trost und Mut bei Gott, warf sich auf die Knie und versprach, eine Kapelle zu bauen, sollte ihr Schloss verschont bleiben.

Plötzlich wurde es still, der Himmel verdunkelte sich, gar gespenstisch schien es. Dichter, undurchdringlicher Nebel zog auf und umhüllte die Burg wie ein schützender Mantel. Die ganze Nacht hindurch bangten die Frauen um ihr Leben, doch das Schloss blieb verschont. Die Eidgenossen hatten sich in dem dichten Nebel verlaufen und waren zu weit vom Weg abgekommen, als dass sie wieder zurückkehren wollten. Die Edelfrau hielt ihr Versprechen und baute eine schöne Schlosskapelle, die heute die Inschrift «Procul estote profani» trägt, was etwa bedeutet: «Fernbleiben sollen die Frevler!»

Schloss Heidegg ist herrlich gelegen und wundervoll gepflegt. Laufend finden Veranstaltungen statt. Es gibt eine romantische Parkanlage mit einem Rosengarten, ein Café, ein Museum und einen Spielplatz für die kleinen Besucher. Auf der Gartenterrasse kann man bei schönem Wetter die traumhafte Aussicht über das Seetal geniessen und einen edlen Tropfen vom Weingut Heidegg degustieren, wo schon um 1300 die ersten Reben angepflanzt wurden.

Adresse Heidegg 1, 6284 Gelfingen, www.heidegg.ch | **Anfahrt** A 14, Ausfahrt Rotsee, auf der Seetalstrasse 18 Kilometer über Eschenbach und Hochdorf bis Gelfingen fahren; oder A 1, Ausfahrt Lenzburg, rechts abbiegen nach Lenzburg und 22 Kilometer weiter auf der Seonerstrasse nach Gelfingen, im Ort beim Kreisel die Heideggerstrasse hoch zum Schloss fahren | **Tipp** Der Prähistoriker und Archäologe Max Zurbuchen führt durch die Steinzeitwerkstatt und das Pfahlbauhaus in Boniswil, gleich beim Bahnhof. Seit über 40 Jahren begeistert er Besucher mit seinem Wissen (täglich offen nach Voranmeldung, www.steinzeit-live.ch).

46 Der Drachenberg

Im Winterschlaf mit zwei kuscheligen Drachen

Glaubt man den Sagen, so hausten in dem durchlöcherten Hausberg Luzerns – dem Pilatus – mehrere Drachen, oder Lindwürmer, wie man sie auch nannte. Es gab Exemplare mit und ohne Flügel. Die einen spien Feuer, andere konnten sich im Flug entzünden. Die Leute beobachteten, wie sie zwischen Pilatus und Rigi hin- und herflogen. Es gibt auch Beweise für ihre Existenz. Den Drachenstein zum Beispiel, der heute im Natur-Museum Luzern zu bewundern ist. Bauer Stämpfli beobachtete 1420 bei Rothenburg einen Drachen, der dicht über seinen Kopf hinwegflog und etwas fallen liess. Es war ein runder Stein, an dem geronnenes Blut klebte. Der Stein soll Heilkräfte besessen haben, diese wurden 1523 durch den Luzerner Rat amtlich beglaubigt. Bis Ende des 18. Jahrhunderts war der Drachenstein weltberühmt für seine Kräfte. Heutzutage darf er sich im Museum weich gebettet ausruhen.

Ein weiteres Artefakt ist das Drachengewand, ausgestellt in der Hofkirche. Am 6. November im Jahr 1420 – anscheinend ein sehr drachenaktives Jahr – fiel ein junger Bursche am Hang des Pilatus in eine Höhle. Dummerweise war diese besetzt. Zwei Drachen hausten darin. An diesem Tag begann es zu schneien. Die beiden Drachen rüsteten sich samt dem Burschen für den Winterschlaf. Der arme Kerl musste mit ihnen bis zum 10. April ausharren. Da flogen die Drachen aus und zogen ihn mit sich aus der Höhle. Als Dank und zum Andenken liess der Bursche das Drachengewand sticken.

Mehrere Bürger schworen, am frühen Morgen des 26. Mai 1499 einen Drachen aus der Reuss bei der Spreuerbrücke aufsteigen gesehen zu haben. Man nahm an, dass ihn ein Unwetter, welches in der Nacht zuvor tobte, in den Vierwaldstättersee gespült hatte.

Auch heute noch sind die Drachen im schönen Luzern allgegenwärtig. So zieren sie zum Beispiel das Logo der Pilatus-Bahnen. Also, nichts wie rauf auf den Berg!

Adresse Pilatus-Bahnen, Schlossweg 1, 6010 Kriens, www.pilatus.ch | **Anfahrt** A 2, Ausfahrt Kriens, die Luzernerstrasse Richtung Kriens fahren, nach der «Migros» links in die Gallusstrasse einbiegen und dem Wegweiser zu den Pilatus-Bahnen folgen | **Tipp** Der Männliturm auf der Musegg 6 ist einer der neun Türme entlang der alten Museggmauer. Von oben hat man eine tolle Sicht auf das Luzerner Seebecken und den Pilatus (täglich vom 1. April bis 31. Oktober 8–19 Uhr).

47_Zwischenwelt

Ein Treffpunkt für Hexen, Druiden und Schamanen

In Luzerns Bruchstrasse findet man den Eingang in die Zwischenwelt, tritt über an einen magischen Ort, wo nichts unmöglich scheint. Hier verschmelzen alte heidnische Traditionen mit der modernen Welt. Der würzige Duft von Räucherwerk nimmt den Besucher mit auf eine mystische Reise. Naturspirituelle Artefakte, Glasbehälter, gefüllt mit Kräutern, und Fachbücher laden ein zum Stöbern und Verweilen.

Seit 2001 führt Wilhelm Haas seinen Hexenladen. «Dreamdancer», so nennt er sich auch. Er ist eine moderne Hexe, ein initiierter Wicca und Lebenscoach. Seine offene, herzliche Art lässt das staubige Klischee der bösen Hexe sofort vergessen. Sein Laden ist ein Ort der Inspiration für jedermann. In den Regalen findet sich allerlei Geheimnisvolles, das Geist und Phantasie beflügelt. Da gibt es goldfarbenen Honigwein (Met), eine grosse Auswahl an Düften und Essenzen, Symbolschmuck in allen Farben und Formen, Tarotkarten und Runensteine, Feen, Elfen und Kobolde, weisse Wölfe und ägyptische Katzen.

Seine Zwischenwelt sei Treffpunkt von Naturmystikern, Druiden, Schamanen und Hexen, sagt Wilhelm Haas. Ganz gleich, ob Naturreligion oder Göttinnen-Spiritualität, die Lehren des Heidentums oder modernes Freidenkertum, in der Zwischenwelt ist für alles Platz, findet sich für jeden etwas, auch für Nichthexen.

Der Dreamdancer betreibt Hexentum 2.0: zeitgemäss, modern und doch back to the roots, wo das Wissen der Ahnen wieder ausgegraben wird und der Mensch nach seinem Platz in der Natur sucht – was in der heutigen gestressten Welt immer wichtiger wird. «Crafting» – so nennt sich die Hexenschule, die Wilhelm Haas seit 2003 leitet. Es ist eine magische Lebensschule, man lernt die Rituale einer Wicca kennen, um einen Zugang zu seinem Inneren zu finden. Man lernt, eine Brücke zwischen den Welten zu bauen, damit man sie betreten kann, seine eigene, ganz persönliche Zwischenwelt.

Adresse Bruchstrasse 47, 6003 Luzern, www.zwischenwelt.ch | **ÖV** ab Bahnhof Luzern Buslinien 2, 9, 10, 12 oder 18 bis Hirzenhof, links die Klosterstrasse entlang und wieder links die Bruchstrasse hinunter | **Öffnungszeiten** Di–Fr 12–18 Uhr, Sa 10.30–16 Uhr | **Tipp** Der wunderschöne historische Schauraum der Suidterschen Apotheke, die mit Stolz behaupten kann, die älteste Apotheke Luzerns zu sein. Durch eine grosse Glasscheibe in der Bahnhofstrasse 21 zu bestaunen.

48 Der Türst vom Santenberg

Ein herzzerreissendes Drama um eine grosse Liebe

Ein Bauernmädchen wurde von einem Zigeuner schwanger und darauf von der Familie verstossen. Sie fand Unterschlupf auf einer Burg bei Alberswil. Selbst kinderlos, raubte der böse Burgherr der Mutter das Kind, ein hübsches Mädchen, und jagte sie fort. Verzweifelt brach sie in Egolzwil zusammen. Dort traf sie auf einen stattlichen Mann, den Türst, den heidnischen Wodan, den Beherrscher der Lüfte. Er wollte ihr das Kind zurückgeben, unter dem Versprechen, die Tochter, wenn sie denn 17 war, als seine Geliebte zu bekommen. Die unglückliche Mutter willigte ein, bekam ihr Kind zurück und heiratete einen lieben Mann.

Nach 17 Jahren aber stand der Türst vor ihrem Haus und forderte die Tochter ein. Die Mutter erstarrte vor Angst. Doch die Tochter verliebte sich gleich in den Türst und zog mit ihm mit. Sie besass heilende Kräfte, half den Menschen und warnte sie vor aufkommenden Stürmen. Eines Tages traf sie auf den bösen Burgherrn. Er verging sich an ihr und liess sie im Wald liegen. Sie schleppte sich bis zu einem alten Gaden und suchte Schutz vor einem Sturm. Als der Burgherr erfuhr, dass er die Geliebte des Türst entehrt hatte, fürchtete er dessen Zorn, fand die Frau in dem Gaden, verriegelte die Tore und steckte ihn in Brand.

Als der Türst vom Tod seiner Geliebten erfuhr, trommelte er tobend und schmerzerfüllt die Geister- und Sagengestalten zusammen, galoppierte auf seinem Schimmel zur Burg und tötete den Burgherrn.

Seit jener Zeit jagen in Sturmnächten der Türst und sein Gefolge über den Santenberg. Daher lassen die Bauern die Tore weit offen stehen, denn sonst gehen die Gaden in Flammen auf. Auch die Mutter schloss sich dem Türst an. Man sagt, sie sei zur Sträggele geworden, die in Winternächten kleine Mädchen raubt, auf der Suche nach ihrer eigenen geliebten Tochter. Seit jener Zeit steht auf dem Santenberg ein Kreuz, um den Türst zu besänftigen.

Adresse Chätzigerhöhe, Engelberg, 6242 Wauwil | **Anfahrt** von Luzern auf der A2 Ausfahrt Sursee, dann Richtung Dagmersellen fahren, in Wauwil beim Gasthaus «Wendelin» rechts die Bergstrasse hoch, nach circa 300 Metern links abbiegen (Wegweiser Feuerstelle), oben links auf Buchwald und gleich wieder rechts fahren, der Engelbergstrasse bis auf die Höhe folgen | **Tipp** Ein kulturelles Sammelsurium findet man in der 400-jährigen Ronmühle in Schötz. Das kleine Museum beherbergt rund 7.000 Objekte vergangener Zeit: religiöse und magische Kuriositäten, Werkzeuge, technische Altertümer und sonderbare Alltagsgegenstände (www.ronmuehle.ch).

49 Das Gnadenbrünneli

Wenn Hoffnung und Glaube Wunder vollbringen

Schon in der Bibel wird von Wunderheilung gesprochen. Viele Wallfahrtsorte gehen auf eine Wunderheilung zurück. Und wenn die Medizin an ihre Grenzen stösst, so wendet der Kranke sich gerne Alternativen zu. Wunderheilung dank Hoffnung und Glaube? Kann denn etwas falsch sein, nur weil Medizin und Wissenschaft es nicht erklären können?

Tatsache ist, dass Betrüger leider schon zu oft aus der Hoffnung der Leidenden Profit geschlagen haben: Naturheiler, Schamanen, Fernheiler – die Fernsehkanäle sind voll davon. Und was hat es mit all den Wundermittelchen auf sich? Alle Kulturen kennen sie, egal, in welcher Zeitepoche man stöbert: Mumienharz, Nashorn-Hörner, Super-Multivitamin-Hightech-Präparate. Zur dritten Gruppe der Wunderheilung gehört das Göttliche. Der Glaube versetzt Berge? Zumindest ist bewiesen, dass der Glaube – egal, welcher Art – die Seele und das Unterbewusstsein erreicht und dort enorme Kräfte freisetzen kann. Ein Kranker ohne den Glauben an seine Genesung wird selten gesund. Glaube ist Hoffnung, und ohne die kann ein Mensch nicht leben. Die Geschichte hat uns dies gelehrt und ihre Spuren hinterlassen.

Die Klosteranlage Werthenstein ist ein solcher Wunderort, der auf der Sankt-Jakobs-Pilgerroute nach Santiago de Compostela liegt. Hoch oben, über der Kleinen Emme, thront das schöne Kloster auf einem Felsvorsprung. Um 1500 soll ein niederländischer Goldwäscher hier eine Engelserscheinung gehabt haben. Seither pilgerten die Menschen erst zu der Kapelle, danach zum 1636 erbauten Kloster. Damals galt Werthenstein nach Einsiedeln als wichtigster Wallfahrtsort der Schweiz. Die Franziskanermönche zählten über 400 Wunder. Auch dem Wasser des Gnadenbrünneli, einer Quelle auf dem steilen Weg hoch zum Kloster, wird heilende Kraft zugesprochen. Einen Augenblick innehalten kann sich lohnen, ein Schluck kühles Wasser nicht schaden – denn Wunder geschehen.

Adresse Oberdorf, 6106 Werthenstein | Anfahrt A2, Ausfahrt Emmen-Süd, über den Seetalplatz Richtung Wolhusen/Entlebuch, auf der Umfahrungsstrasse bis Werthenstein fahren, im Dorf links über die Holzbrücke und die steile Strasse hoch zum Kloster | Tipp Die Strandkörbe auf dem Menzberg am Ufer des Nebelmeeres, auf 1.016 Meter über Meer, stehen im Herbst und Winter an schönen Aussichtspunkten zum Erholen und Geniessen.

50 Die Heilig-Blut-Legende

Die fünf Blutstropfen des Leib Christi

Das wunderschöne frisch renovierte mittelalterliche Städtchen Willisau, am Fusse des Napfgebietes, ist auf jeden Fall einen Ausflug wert. Die 250 Meter lange Hauptgasse wird von zwei Stadttoren eingeschlossen und lädt zum Flanieren ein.

Doch Schreckliches soll sich am 7. Juli 1392 hinter dem Obertor auf einer Wiese zugetragen haben. Drei Männer spielten an einem runden Holztisch Karten. Dabei verlor Ueli Schröter sein ganzes Hab und Gut und beschuldigte seine beiden Freunde des Falschspiels. In seiner Wut zog er das Schwert, warf es hoch in den Himmel und schrie, es solle den Leib Christi durchbohren. Das Schwert fiel nicht mehr zurück auf den Boden, wohl aber fünf Blutstropfen mitten auf den Tisch. Plötzlich verdunkelte sich der Himmel, und unter Donnergrollen fuhr der Teufel aus der Hölle empor und zog den Ueli Schröter mit sich ins Fegefeuer. Da bekamen es die anderen beiden mit der Angst zu tun. Sie trugen den Tisch zur Wegere und versuchten vergeblich, die Blutstropfen in dem Bach abzuwaschen. Sie stritten sich und beschuldigten sich gegenseitig, der Falschspieler zu sein. Da packte der eine am Ufer einen Stein und erschlug den anderen. Voller Entsetzen wollte er zurück ins Städtchen rennen, doch griffen ihn die Läuse an, sie nagten und bissen an ihm. Er schleppte sich noch bis zum Stadttor und brach dort tot zusammen.

Der Pfarrer schnitt später das Stück Holz mit den fünf Blutstropfen darauf aus der Tischplatte. Dieses Holzstück wird noch heute in einer Monstranz in der Heilig-Blut-Kapelle, gleich hinter dem Obertor, aufbewahrt. Acht Ölgemälde über diese grausige Legende schmücken die Wände der kleinen Kapelle. Und jedes Jahr findet am zweiten Sonntag nach Pfingsten eine grosse Sühneprozession statt – der Willisauer Ablasstag. Dabei wird die Monstranz mit dem Holz und den Blutstropfen darauf durch Willisaus Gassen getragen.

Adresse Zehntenplatz, 6130 Willisau | **Anfahrt** A 2, Ausfahrt Dagmersellen, beim Kreisel rechts und der Hauptstrasse 10 Kilometer bis Willisau folgen, im Städtli rechts durchs Untertor die Hauptgasse hoch, am Ende nach dem Obertor steht gleich links die Kapelle | **Tipp** Der Archäologiekeller bei der Schlossschür oberhalb der Altstadt ist einen Besuch wert. Man erreicht ihn über den Fussweg hinter der katholischen Pfarrkirche.

51__Die drei Rosse

Ein Fuhrmann zügelt den Freiherrn von Wolhusen

In Wolhusen standen einst zwei Burgen. Heute existiert noch die Ruine der äusseren Burg aus dem 11. Jahrhundert. Von dort geniesst man einen herrlichen Ausblick auf Wolhusen. Es ist ein idyllischer Ort zum Verweilen mit einem gepflegten Picknickplatz oben auf dem Turm. Damals war es die mächtigste Burganlage im Kanton Luzern. Über Generationen herrschten die Freiherren von Wolhusen über weite Teile der Zentralschweiz. Mit der Machtübernahme der Habsburger im 14. Jahrhundert verschwanden die Freiherren von Wolhusen, nicht aber die Sage, die sich um einen von ihnen rankt.

Er war gierig und quälte seine Untertanen. Eines Tages ritt er an einem ärmlichen Bauernhaus vorbei. Davor lag ein gewaltiger Baumstamm am Boden. Der Freiherr befahl dem verängstigten Bauern, er solle ihm den Stamm hinauf in die Burg bringen. Der Bauer jammerte: «Mein alter Ochse kann den schweren Stamm nicht den Hang hochziehen.» Der Freiherr drohte mit dem Tod, sollte der Bauer seiner Pflicht nicht bis zum nächsten Tag nachkommen. Verzweifelt wandte sich dieser an seinen Nachbarn, einen Fuhrmann, dem man im Dorf auch Zauberkräfte nachsagte. Der Fuhrmann versprach zu helfen. Tatsächlich erschien er am Morgen darauf nebst einem Gespann mit drei kräftigen schwarzen Rossen. Die Pferde zogen den schweren Stamm hoch zur Burg. Oben angekommen, schnaubten sie wild, ihre Nüstern gebläht. Der Freiherr strich den Tieren bewundernd über ihr glänzendes Fell und sagte: «Die sind mein!»

«Jawohl!», sagte der Fuhrmann, «die sind dein! Das vorderste Ross ist dein verstorbener Vater, das hintere dein Grossvater und das daneben dein Urgrossvater.» Die Pferde nickten mit ihren Köpfen. «Und beendest du nicht bald das Quälen der armen Leute», drohte der Fuhrmann, «dann endest du wie deine Vorfahren, und ich habe ein Gespann mit zwei Paaren.»

Seit diesem Tag liess der Freiherr von Wolhusen seine Untertanen in Ruhe.

Adresse Burg, 6110 Wolhusen | **Anfahrt** A2, Ausfahrt Emmen-Süd, über den Seetalplatz im Kreisverkehr der Route 10 rund 18 Kilometer nach Wolhusen folgen, im Ort beim Kreisel geradeaus Richtung Willisau, nach 1 Kilometer rechts die Spitalstrasse hoch, beim Spital parkieren, von dort führt ein zehnminütiger ausgeschilderter Weg zur Ruine | **Tipp** Die Totenkapelle an der Burghalde 11 wurde im Jahr 1661 erbaut. Ihre Wände zieren einzigartige Totentanz-Darstellungen, mit eingesetzten echten Schädeln. Sie mahnen sehr eindrücklich an die Vergänglichkeit des irdischen Lebens (täglich 8–20 Uhr).

52_Der Windmann

... der dem Jäger sein Hündchen raubte

Ein Amphitheater von einem Kilometer Durchmesser? Gibt es tatsächlich. Aber nein, für einmal haben es nicht die Römer erbaut. Der Creux du Van ist ein wahres Naturwunder. Die Energie sprudelt nur so in diesem halbkreisförmigen magischen Felsenkessel. 150 Meter fällt der Kalksteinfels senkrecht in die Tiefe auf loses, bewachsenes Geröll. Entstanden ist der Creux du Van durch Erosion von Wasser und Eis. Die Panoramasicht vom oberen Rand ist atemberaubend, er ist ein wahres Wanderparadies. Wenn man Glück hat, sieht man Steinböcke und Gämsen auf den steilen Felsen herumklettern. Hat man aber Pech und begegnet dem Windmann, sollte man seinen treuen Vierbeiner, wenn man denn einen dabeihat, gut festhalten, sonst könnte er für immer verloren sein.

Ein Jäger aus dem Val de Travers war mit seinem Hund unterwegs, entlang der Kante des Creux du Van. Da sah er einen Mann an einen Baum gelehnt stehen. Er trug einen langen Mantel und einen Hut, der sein Gesicht verdeckte. Der Mann wirkte sonderbar, irgendwie unheimlich. Doch der Jäger, neugierig, wie er war, ging auf ihn zu, bereit, ihn freundlich zu grüssen.

Plötzlich tauchte aus der Tiefe des Felsenkessels ein riesiger Wirbelwind auf, erfasste den Jäger und schleuderte ihn zwölf Mal im Kreis herum. Als er wieder zur Besinnung kam, lag er auf einer Lichtung unten im Val de Travers. Sein treuer Jagdhund aber blieb verschwunden.

Doch jedes Jahr zur Weihnachtszeit, wenn stürmische Winde an der Hütte das Jägers vorbeizogen, erkannte er den Windmann mit seinem langen Mantel und grossen Hut. Und neben ihm rannte ein wildes Rudel Hunde, bellend und heulend, auf der Suche nach Beute. Unter all den Hunden aber hörte der Jäger immer das Bellen seines treuen Vierbeiners, der hinter der Meute herrannte und beim Haus des Jägers kläglich wimmerte. Er war für immer verloren, ein Geisterhund, ein Gefangener des Windmanns.

Adresse Creux du Van, 2108 Couvet | **Anfahrt** A 5, Ausfahrt St-Aubin, durch Montalchez nach Provence fahren und dann der Beschilderung «Le Soliat – Creux du Van» folgen; vom Restaurant «Le Soliat» (offen April bis November) 300 Meter Fussmarsch zum Creux du Van (im Winter ist der Creux du Van fast nur durch eine Schneeschuhwanderung, am besten von Noiraigue aus, erreichbar) | **Tipp** Von Noiraigue nach Boudry führt der Wanderweg in knapp drei Stunden durch die sagenhaft schöne Areuse-Schlucht. Auf zahlreichen Stegen, Treppen und Brücken überquert man in der engen Schlucht den tosenden Wildbach.

53_Die unterirdischen Mühlen

Drei Jahrhunderte Industriegeschichte in der Tiefe

In dieser grossen, ausgebauten Naturhöhle arbeitete einst ein Moloch von fünf aufeinanderliegenden Wasserrädern. Der unterirdische Wasserfall erweckte das Wunderwerk der Technik zum Leben, liess die Räder drehen, stöhnen, ächzen. Jedem Rad war eine Mühle mit grossen Mahlsteinen oder Sägen angeschlossen. Der Lärm und die Vibrationen müssen gewaltig gewesen sein. Das Mehl wurde direkt unter der Mühle in Säcke abgefüllt und sofort hochgetragen, denn die Feuchtigkeit war ein grosses Problem. Regnete es im Tal, so sickerte das Wasser bis in die Höhle durch. Die Leitern und in Stein gehauenen Stufen waren eng, rutschig und gefährlich, der Weg nach oben einzig durch Öllampen erhellt. Die Feuchtigkeit, die Dunkelheit und der Lärm wirkten sich auf die Gesundheit der Männer aus, doch galt der Arbeitsplatz in damaliger Zeit als modern und fortschrittlich, denn mussten sich die Bauern Jahreszeiten und Unwetter beugen, so blieb das Klima in der Höhle konstant bei sieben Grad.

Bereits seit dem 16. Jahrhundert nutzte man den Wasserfall in der Kalksteinhöhle, um mit Hilfe von Wasserrädern Mühlen und Sägen anzutreiben. Die Höhle wurde erweitert, weitere Schaufelräder gebaut, modernisiert. Im 19. Jahrhundert kamen Turbinen dazu. Mit der Erfindung der Elektrizität verloren die Wasserräder jedoch ihren Nutzen. Von 1890 bis 1966 dienten die Gebäude über der Höhle als Grenzschlachthof. Die Schlachtabfälle entsorgte man einfach in der Tiefe. Erst 1973 begann man den historischen Wert der unterirdischen Mühlen zu erkennen und machte sich an die Aufräumarbeiten. 15 Jahre lang haben Freiwillige den immensen Berg an Schlachtabfällen abgetragen, die Höhle gereinigt und ein echtes Stück Industriegeschichte restauriert. Die Stiftung der Müllerbruderschaft Col-des-Roches ermöglichte es, die alten Gebäude und Höhlen der Öffentlichkeit als Museum zu erschliessen.

Adresse Col 23, 2400 Le Locle, www.lesmoulins.ch | **Anfahrt** A 5, Ausfahrt Neuenburg, weiter nach La-Caux-de-Fonds, dort links auf die Kantonalstrasse Richtung Le Locle wechseln, am Dorfende gleich links vor dem Tunnel ist der zu den Mühlen gehörende Parkplatz | **Tipp** Von Les Brenets aus gelangt man über einen wunderschönen, 3,5 Kilometer langen Spazierweg entlang dem Doubs zum 27 Meter hohen Wasserfall Saut du Doubs an der französischen Grenze.

54__Die grüne Fee

Medizin, Genussmittel oder Dämon? Der Absinth!

Seit drei Jahrhunderten schwebt die grüne Fee durch das Val de Travers. In Môtiers gibt es Brennereien, Geschäfte, Museen und Häuser, die sich ganz dem Absinth verschrieben haben. In diesem Branntwein vereinen sich Geschichte, Kunst, Medizin, Dämon und Trinkkultur. Das Genussritual kann vielfältig sein. Meist wird ein durchlöcherter Löffel mit einem Zuckerwürfel über das Glas mit Absinth gelegt und dann langsam Wasser darübergeträufelt. Der oft grünliche Absinth verfärbt sich dabei milchig weiss.

Schon die alten Ägypter kannten die Heilkraft des Wermutkrautes. Die Römer gossen die aromatisch-bittere Pflanze zu Tee auf oder verarbeiteten sie mit Anis im Wein. Ein gutes Hausrezept gegen Magenbeschwerden.

Der Mythos um den Absinth aber entstand im 18. Jahrhundert im Val de Travers. Der Wermut wurde mit Anis, Fenchel und Kräutern angereichert und zu einer hochprozentigen Spirituose destilliert. Der Übername grüne Fee ist auf sein verführerisches, erotisches, verzückendes Wesen zurückzuführen und auf seine oft leicht grünliche Farbe. Grosser Beliebtheit erfreute sich der Absinth in Frankreich, wo man sich zur grünen Stunde, zwischen 17 und 19 Uhr, gerne ein Gläschen gönnte. Das galt als chic. Viele Künstler und Dichter verfielen der grünen Fee. 1910 verbot man den Absinth in der Schweiz, ab 1915 auch in vielen anderen Ländern Europas und den USA. Man vermutete gesundheitsschädigende Inhaltsstoffe, die abhängig machen. Schuld daran sei der Thujon-Wirkstoff, ein psychoaktives Nervengift, das die Kreativität wie die Libido steigere und Männer in wilde Tiere verwandele, so glaubte man. Die Beweise fehlen bis heute. Die schädliche Wirkung lag wohl eher an der damals schlechten Qualität des Alkohols.

Mit dem Verbot des Absinths blühte der Schwarzmarkt auf. 60 bis 80 Hinterhof-Brennereien entstanden im Val de Travers. 2005 hob die Regierung das Verbot auf, der Mythos um die grüne Fee hat aber bis heute Bestand.

Adresse Grand Rue, 2112 Môtiers | **Anfahrt** A 5, Ausfahrt Neuenburg, dann der Hauptstrasse durchs Val de Travers bis Môtiers folgen | **Tipp** Bereit für ein mystisches Sibirien? Im kältesten Dorf der Schweiz, in La Brévine, fällt das Thermometer gerne einmal unter –40 Grad. So grausam-schön kann Natur sein.

55_Die Asphaltminen

Lebendige Geschichte im Stollen von La Presta

Bis zu 100 Kilometer lang ist das unterirdische Labyrinth, welches die Mineure im Laufe von drei Jahrhunderten gegraben haben. Gefördert wurden hier zwei Millionen Tonnen Naturasphalt, auch Bitumen genannt, ein wasserdichter Rohstoff aus Erdöl und Mineralien, nicht zu verwechseln mit Teer, der aus Steinkohle gewonnen wird.

Schon in der Antike nutzte man den Asphalt, um Waffen und Schmuck herzustellen. Die Sumerer verwendeten ihn zum Versiegeln ihrer Boote, die Assyrer für den Strassenbau, und auch die Hängenden Gärten der Semiramis sollen mit Asphalt abgedichtet worden sein. Die Ägypter gebrauchten das Gräberpech, wie Asphalt auch genannt wird, zur Einbalsamierung ihrer Pharaonen. Nach der Römerzeit aber gerieten der Rohstoff und seine Nutzung zusehends in Vergessenheit. 1711 entdeckte der griechische Arzt Eirini d'Eyrinys das riesige Asphaltvorkommen im Val de Travers. Als moderner Wissenschaftler seiner Zeit interessierte er sich zunächst für die medizinische Anwendung des Erzes. 1721 verfasste er seine «Dissertation über den Asphalt oder den Naturzement». Der Asphalt war auferstanden. Bis 1986 förderte man in den Stollen von La Presta das Erz und verkaufte es in die ganze Welt.

Der Besuch dieser Mine ist heute nicht nur eine Reise ins Innere der Erde, er ist auch eine gleichsam meditative Reise zu unserer eigenen Vergangenheit. Kurz nach dem Betreten der Höhle hören wir die Stimmen der Arbeiter, die hier unter Tage Schweiss gelassen haben. Ausstellungsstücke im Stollen zeigen uns das Leben der Mineure während drei Jahrhunderten. Fast schon sakral wirken die Höhlen, mystisch ausgeleuchtet, mit Klängen vergangener Zeiten erfüllt. Schauerlich-schön.

Das ehemalige Holzlager der Minen hat man zum «Café des Mines» umgebaut, stilecht, damit man sich in das Leben der Arbeiter von damals einfühlen kann. Zu essen gibt es Schinken auf Asphalt gekocht, serviert mit Kartoffelgratin und Salat.

Adresse Site de la Presta, 2105 Travers, www.gout-region.ch | **Anfahrt** A 5, Ausfahrt Neuenburg, weiter auf der Hauptstrasse Richtung Val de Travers / Pontarlier, am Dorfende von Travers links über die Areuse und dann der Rue des Mines bis zur Mine La Presta folgen | **Öffnungszeiten** Führungen im Sommer täglich 10.30 und 14 Uhr (Juli, Aug. auch 12 und 16 Uhr), im Winter täglich 14 Uhr (Mo–Do Reservation obligatorisch) | **Tipp** Die Eishöhle Monlési, nordwestlich von Couvet, von Les Sagnettes zu Fuss erreichbar, liegt mitten im Wald. Ein steiler Pfad und eine Leiter führen 20 Meter hinunter zu dem unterirdischen Gletscher mit seinen phantastischen Eissäulen. Die Höhle ist einfach zugänglich, im Inneren werden aber Steigeisen empfohlen.

56_Der Wirzweli-Hexenberg

Wo Hexen und Kinder ihren Spass haben

Es war einmal eine Hexe, die flog auf ihrem Besen voraus und lockte die Kinder mit ihren Familien in zwei kleinen Gondeln den Berg hoch bis auf 1.200 Meter, ins Reich der Wirzweli-Hexen. Die Luft ist frisch und kühl, die Sicht hinunter ins Tal grandios. Man hört Kuhglocken bimmeln, Ponys wiehern und Ziegen meckern. Und man hört das Lachen.

Aus allen Richtungen scheint es wie ein Echo von den Bergen zurückgeworfen zu werden. Das Lachen der Kinder. Sie toben herum, klettern auf verwunschene Bäume, stecken ihre Köpfe in Hexenhäuschen oder sausen auf Schlitten die Rodelbahn hinunter. Es sind glückliche Kinder, verzauberte Kinder, die kaum mehr auf die Rufe ihrer Eltern reagieren, die mit Rucksäcken aufgeschnallt und ihren Hunden an der Leine auf ihre Kleinen warten, bereit für die Wanderung ins Reich der Lizi.

Den Hexenweg sollte man vor Einbruch der Dunkelheit durchwandert haben, denn die Kräuterhexe Lizi hat in ihrem Reich so einiges versteckt, das es zu erforschen gibt. Aber Vorsicht! Tritt man durch das Eingangstor und schliessen sich die knirschenden Türen hinter einem, ist man in ihrem Zauberland gefangen. Das verhexte Abenteuer beginnt und führt mitten durch einen mystischen Zauberwald, vorbei an Knusperhäuschen und Zauberkugeln, Riesenspinnen und fliegenden Besen. Idyllische Grillstellen locken zum Verweilen. Findet man schliesslich den Weg über eine saftige Wiese hinaus aus dem Reich der Hexe Lizi, so ist man nach etwa 1,5 Stunden wieder zurück im Hexendorf Wirzweli.

Wer noch nicht genug hat, begibt sich auf den Eulenpfad und bestaunt echte Stein- und Bartkäuze sowie sibirische Uhus. Die Kinder aber zieht es bestimmt magisch auf den Hexenspielplatz. Die Eltern können sich endlich auf der Sonnenterrasse des Alpenrestaurants Wirzweli bei Kaffee und Kuchen entspannen, bevor es mit der Gondel wieder talwärts ins Reich der Menschen geht.

Adresse Talstation, Wiesenbergstrasse 25, 6383 Dallenwil, www.wirzweli.ch | **Anfahrt** A 2, Ausfahrt Stans-Süd, weiter Richtung Engelberg, nach circa 5 Kilometern beim Kreisel rechts nach Dallenwil, dem Wegweiser Wirzweli bis zum Parkplatz der Gondel folgen | **Öffnungszeiten** Fahrplan: täglich 7.40 – 18.20 Uhr alle 20 Minuten, im Frühling und Herbst wegen Revision und Betriebsferien teilweise geschlossen | **Tipp** Schnee, ewiges Eis und eine Gletschergrotte erwarten den Besucher auf dem Titlis bei Engelberg. Mutige wagen sich auf 3.041 Metern Höhe auf den «Cliff Walk», eine Hängebrücke über einem 500 Meter tiefen Abgrund (www.titlis.ch).

57 Das Drachenried

Ein Lindwurm terrorisiert die Nidwaldner

Pilatusland ist Drachenland. Unzählige Sagen gibt es, von riesigen Ungeheuern, die Feuer spucken, von Lindwürmern, die in Höhlen hausen, mit scharfen Krallen, einem schuppigen Panzer und Zähnen gleich einem Krokodil bewehrt. Fliegen konnten die Monster auch. Sie raubten den Bauern die Kinder, zerstörten Felder und frassen das Vieh.

Rund um ein Dorf in Nidwalden wütete ein grausamer Lindwurm, zerstörte das Land und tötete die Leute. Man gab dem Dorf den Namen Ödwyl. Der Ritter Struthan Winkelried bot sich als Retter an, wenn man ihn dafür wieder in seine Heimat zurückliesse, aus der er einst wegen Totschlags vertrieben wurde. Mit Panzerhemd und einer dornenumwundenen Lanze stellte Struthan mutig den Lindwurm am Fusse des Mueterschwanderbergs, in dessen steiler Felswand der Drache in einer Höhle hauste. Auf dem Drachenried, einer Sumpfebene zwischen dem Mueterschwanderberg und dem Stanserberg, kam es schliesslich zum heftigen Kampf. Der Lindwurm sauste heran und warf sich wütend auf Struthan. Dieser konnte im letzten Moment die Lanze auf die Brust des Drachen richten. Sie durchbohrte das Ungeheuer und tötete es. Struthan kämpfte sich als Held unter dem Kadaver hervor und zog seine Lanze aus dessen Körper. Dabei fielen einige Blutstropfen auf seinen Arm. Obwohl er ihn sofort mit Wasser wusch, wusste er doch, dass er vergiftet war und der Tod nahte. Die Menschen trauerten um ihren tapferen Retter, der sie erlöst hatte, und ehren ihn bis heute. Fährt man durch Ennetmoos, die weite Ebene, das Drachenried, vor sich, wo Kühe friedlich grasen, und mit der Felswand des Mueterschwanderbergs im Hintergrund, so kann man sich mit ein wenig Phantasie den Kampf zwischen Mensch und Drache wahrlich vorstellen. Man begegnet der Sage überall, sie ziert das Wappen des Dorfes, ist an Fassaden gemalt und auch Namengeber für eine heimische Käsesorte.

Adresse Kantonsstrasse, 6372 Ennetmoos | **Anfahrt** A 2, Ausfahrt Stans-Nord, der Beschilderung Ennetmoos folgen | **Tipp** Der kleine Selbstbedienungs-Hofladen vom Bieli-Hof liegt direkt an der Kantonsstrasse am Dorfende von Ennetmoos. Hier findet man regionale Spezialitäten, Hausgemachtes und den einzigartigen Drachenried-Käse (www.drachenried.ch).

58_Geisterhaus und Gebeine

Die (Un-)Toten von Stans

Das Geisterhaus, das Totengässli, die Bronzestatue «Der Tod und das Mädchen», das Beinhaus – Stans lebt mit seinen Toten.

Das historische Städtchen hat Charme und ist einen Besuch wert, nicht nur für chinesische Touristen. Stans hat viel zu bieten, unzählige Sehenswürdigkeiten findet man rund um den Dorfplatz: die Pfarrkirche mit ihrem romanischen Turm aus dem 12. Jahrhundert; das Kloster Sankt Klara, in dem Pestalozzi von 1798 bis 1799 Waisenkinder betreute, erbaut auf dem Platz, wo früher der Galgen stand und der Scharfrichter wohnte; das Gasthaus Krone, wo Goethe 1797 zu Gast war; das Winkelrieddenkmal, das an die Schlacht von Sempach erinnert. Unzählige schmucke Häuser im Barockstil aus dem 18. Jahrhundert werten das Stadtbild auf. Wer es lieber luftig mag, kann gleich beim Parkplatz hinter der Kirche die Stanserhorn-Bahn besteigen.

Berühmt war Stans einst wegen seines Geisterhauses. Es stand in der Spychermatt, gleich neben dem später erbauten Shoppingcenter Länderpark. Im Jollerhaus, wie es auch genannt wurde, spukte es. Der frühere Bewohner, Melchior Joller, ein Abgeordneter des Schweizer Parlaments, soll seit 1862 von einem Geist terrorisiert worden sein. Er erzählte von Türen, die knallten, Äpfeln, die aus dem Fenster sprangen, und weissen Gestalten, die umhergeisterten. Selbst die Regierung schaltete sich ein, um dem parapsychologischen Spuk auf den Grund zu gehen. Erfolglos. Handelte es sich um den Geist von Veronika Gut, der Erbauerin des Hauses? Sie war eine aufsässige Bäuerin, ein Mannsweib, und stand politisch radikal für die alte sittliche Ordnung ein. Sie selbst schien verflucht, verlor sie doch fünf ihrer sechs Kinder.

Die Familie Joller floh schliesslich nach Italien. 2010 wurde das verlassene Geisterhaus abgerissen, um einem Hotelkomplex zu weichen, der aber nie gebaut wurde. Wer weiss, vielleicht irrt der obdachlose Geist noch immer in der Spychermatt herum?

Adresse Dorfplatz, 6370 Stans | **Anfahrt** A 2, Ausfahrt Stans-Nord oder Stans-Süd, der Beschilderung Richtung Zentrum folgen | **Tipp** Die «Wirtschaft zur Rosenburg» im Dorfkern von Stans ist ein optisches und kulinarisches Schmuckstück. Die Mauern vom Höfli, wie es liebevoll genannt wird, erzählen eine bewegte Geschichte, die bis ins Mittelalter zurückreicht (www.rosenburg-stans.ch).

59_Bärgmandli

Von Zwergen, alten Kühen und ewigem Käse

Der Giswilerstock ist der Hausberg von Giswil, ein mächtiges Kalkmassiv. Um diesen Berg herum führt der Bärgmandlipfad, ein knapp fünfstündiger Rundwanderweg, den man am besten bei der Mörlialp beginnt. Nicht nur die Aussicht ist traumhaft, auch trifft man mit etwas Glück auf Gämsen, Rehe, Hirsche und Steinadler.

Das Tourismusbüro in Giswil bietet eine Broschüre über den Bärgmandlipfad an. Denn der Giswilerstock ist Bärgmandli-Land, und unzählige Sagen um die kleinen Zwerge, die in Höhlen in den steilen Felswänden leben, werden erzählt. So auch die Geschichte vom ewigen Käse.

Einst soll ein Bärgmandli einen Bauern um eine Kuh gebeten haben, die es den Sommer über ausleihen konnte. Das Bärgmandli wollte auch einen Zins für das Tier entrichten. Tatsächlich hatte der Bauer noch eine alte Kuh im Stall, die kränkelte und kaum noch einen Tropfen Milch gab. Als das Bärgmandli das Tier mit auf den Giswilerstock nahm, war der Bauer gar froh, es los zu sein. Fast schon hatte er seine Kuh vergessen, als das Bärgmandli sie im Herbst wieder zurückbrachte. Sie war wohlgenährt, und ihr Fell glänzte kräftig. Der Bauer staunte nicht schlecht. Als Zins für die Kuh erhielt er einen Laib Käse. Das Bärgmandli mahnte, er solle den Käse nie ganz aufessen. Und siehe da, nach jedem Abend, wenn der Bauer und seine Frau davon assen und ein letztes Stück zurück in den Schrank legten, war der Käse am Morgen wieder ganz wie zuvor. Dumm nur, dass ihn der Bauer zwei Jahre später für eine Minute aus den Augen liess, als zwei Kollegen bei ihm am Tisch sassen. Sie verputzten den Käse, und weg war er für immer.

Die Bärgmandli hat es wirklich gegeben. Man nannte sie nach ihrer Herkunft auch die Venediger. Sie kletterten auf dem Giswilerstock auf und ab und suchten nach Erzen und anderen Mineralien. Denn mit diesen besonderen Steinen konnten sie in Italien wertvolles Spiegelglas herstellen.

Adresse Panoramastrasse, 6074 Giswil | **Anfahrt** von der A 2 bei Hergiswil auf die A 8 wechseln, Ausfahrt Giswil-Nord nehmen, durch das Dorf fahren und vor dem Restaurant «Kronen» rechts auf die Panoramastrasse abbiegen, dann der engen Passstrasse 10 Kilometer bis zur Mörlialp folgen | **Tipp** Die «Fluonalp» ist Alpkäserei und Beizli in einem. Von Ende Mai bis Ende Oktober hat der idyllisch gelegene Familienbetrieb täglich geöffnet. Auf der Panoramastrasse ab Giswil ist die Abzweigung Fluonalp beschildert (www.fluonalp.ch).

60_Bruder Klaus

Ein Mann geht seinen Weg – und wird zum Heiligen

Niklaus von Flüe wurde 1417 in Flüeli bei Sachseln als Bauernsohn geboren. Er diente mit wenig Begeisterung im Militär und kämpfte im Alten Zürichkrieg. Danach machte er Karriere als Richter in der Gemeinde und als Ratsherr des Kantons. Seine Frau gebar ihm zehn Kinder, und mit seinem Hof lebte er für damalige Verhältnisse im Wohlstand. Aber von Flüe fühlte keine Befriedigung. War es ein Burn-out oder aber die Sehnsucht nach Spiritualität und einem höheren Sinn des Lebens? 1467 verliess er die Familie und begab sich auf eine Pilgerreise. Nach einer Vision kehrte er zurück, liess sich in der nahe gelegenen Ranftschlucht als Eremit nieder und lebte, nun als Bruder Klaus, in völliger Abstinenz.

Er suchte nach Gott. Visionen und Erscheinungen führten ihn auf den Weg der Mystik. Er setzte sich intensiv mit dem Leiden Jesu auseinander. Da Bruder Klaus weder lesen noch schreiben konnte, bezog er sich einzig auf sein Wissen aus mündlicher Überlieferung. Schon zu Lebzeiten verehrte man ihn als Heiligen und Friedensstifter. Die Menschen pilgerten zu ihm und fragten ihn um Rat.

Am Ende seines Lebens nannte Bruder Klaus gegenüber dem vier Jahre älteren Erni Anderhalden «dry gros gnaden», für die er Gott zu danken habe: die erste, dass die Trennung von der Familie mit deren Einverständnis einhergegangen sei, die zweite, dass er nie die Anfechtung verspürt habe, zur Familie zurückzukehren, und schliesslich, dass er ohne leibliche Speise und Trank leben konnte. Im Alter von 70 Jahren starb er und wurde in der Pfarrkirche von Sachseln bestattet. 1679 überführte man seine Gebeine in die damals neue Pfarr- und Wallfahrtskirche. Bereits 1649 sprach die Kirche ihn selig. Doch da Bruder Klaus ein unbequemer Denker war, wurde er erst 1947 durch Papst Pius XII. unter die Heiligen aufgenommen.

Dem Schweizer Landesheiligen und Schutzpatron ist heute das Museum Bruder Klaus Sachseln gewidmet.

Adresse Dorfstrasse 4, 6072 Sachseln, www.museumbruderklaus.ch | **Anfahrt** A 8, Ausfahrt Sarnen-Süd, weiter auf der Brünigstrasse nach Sachseln, im Dorfzentrum links auf die Dorfstrasse | **Öffnungszeiten** Palmsonntag–Allerheiligen Di–Sa 10–12 und 13.30–17 Uhr, So und Feiertage 11–17 Uhr, jeder 2. Mi im Monat zusätzlich 19–21 Uhr, Karfreitag geschlossen | **Tipp** In «Elliott's Café, Bar & more» in Lungern trifft Vintage auf Moderne. Das liebevoll dekorierte Lokal bietet eigene Kaffeespezialitäten und Snacks an, ausserdem gibt es einen «In-House-Store» (www.elliottscafebar.com).

61 Das Toggeli

Hexen und Nachtmahre im idyllischen Sarnen

Schon zur Bronzezeit lebten hier die ersten Siedler. Heute ist Sarnen Kantonshauptort und liegt am nördlichen Ende des Sarnersees. Die rund 10.000 Einwohner zählende Stadt ist das Tor zu einer mystischen Bergwelt. Sarnen mit seiner alten Seele hat viele Tragödien erlebt: Es hat gebrannt, gebebt und stand unter Wasser.

Die Hexenverfolgung ist ein trauriges Kapitel in der Geschichte Obwaldens, das europaweit ganz oben auf der Liste der Orte steht, die Hexen hinrichteten. Der Hexenturm im Stadtzentrum, am linken Ufer der Sarner Aa, ist ein Zeitzeuge. Er war Gefängnis und Verhörkammer. Heute dient er als Archiv und beherbergt die Protokolle der Folterverhöre, die genau nach Anleitung des «Hexenhammers» durchgeführt wurden. Kein Horrorbuch liest sich grausiger als der «Hexenhammer», der im Mittelalter als wissenschaftlicher Leitfaden über Hexen galt, wie man sie erkennt, jagt, foltert und hinrichtet.

Aber diese Zeiten sind vorbei, und Sarnen zeigt sich heute von seiner idyllischen Seite, ist im Sommer Ausgangspunkt für Wanderer und im Winter für Skifahrer. Trotz aller Moderne, die Sagengestalten haben ihren Platz nicht verloren. So hört man noch vom Toggeli. Einem Nachtmahr. Er ist eine dunkle, kleine, aggressive Gestalt, die sich nachts durch Ritzen und Schlüssellöcher ins Schlafzimmer schleicht. Bösartig setzt es sich auf die Brust des Schlafenden, drückt ihn nieder, würgt ihn, raubt ihm die Luft zum Atmen. Und wacht der Gepeinigte keuchend und hustend aus dem Schlaf auf, löst sich das Toggeli wie ein Nebelschleier in Luft auf. Man kann es nicht fassen, aber sich mit einem Schutzzauber wohl gegen es wehren. Am Abend die Schuhe verkehrt herum neben das Bett stellen, das soll helfen. Auch mit magischen Symbolen verzierte Messer, Sicheln oder Degen, die mit der Klinge nach oben in die Wand gesteckt oder unters Bett gelegt werden, schützen vor einem nächtlichen Besuch.

Adresse Hexenturm, Kirchstrasse, 6060 Sarnen | Anfahrt von der A 2 bei Hergiswil auf die A 8 wechseln, Ausfahrt Sarnen-Nord, der Beschilderung ins Zentrum folgen, beim Dorfplatz rechts am Rathaus vorbei über die Brücke fahren und gleich links in die Kirchstrasse einbiegen | Tipp «Brünig Indoor» in Lungern ist eine unterirdische Schiessanlage mitten im Berg auf einer Fläche von 10.000 Quadratmetern. Action, Spass und Spannung gibt's auch bei den Events à la James Bond oder Al Capone (www.bruenigindoor.ch).

62 Die durstigen Eidgenossen

Ein guter Tropfen besiegt eine Streitmacht

Es gab eine Zeit, da stand Rapperswil unter österreichischer Flagge und wurde von den Eidgenossen umstellt. Doch Rapperswil hielt sich tapfer hinter den Stadtmauern, und die Eidgenossen preschten vergebens dagegen. An einem heissen Sommertag aber gelang es ein paar Belagerern, neben einem Abwasserkanal ein Loch in die Stadtmauer zu schlagen, gerade gross genug, dass sie hindurchkriechen konnten. Sie landeten geradewegs in einem kühlen Weinkeller. Ein ganze Reihe Fässer mit köstlichem Rotwein lagerte unter der Stadt. Die Eidgenossen konnten der Verlockung nicht widerstehen und genehmigten sich einen Schluck des guten Tropfens, bevor sie Rapperswil stürmen wollten. Der Wein war von hoher Qualität und kühlte die durstigen Kehlen. Immer mehr Wein floss und trübte bald die Sinne der starken Männer, bis sie betrunken am Boden lagen. Die Rapperswiler entdeckten den belagerten Keller und fluteten ihn mit heissem Wasser, sodass die Eidgenossen sich torkelnd und lallend verziehen mussten. An jenem Tag sollte die Stadt nicht eingenommen werden.

Der älteste Rebberg am Zürichsee liegt mitten in Rapperswil. Im Jahr 981 wird er erstmals erwähnt. Er liegt auf dem Schlossberg und gehört heute der Stadt Rapperswil. Gleich beim Rebberg gibt es einen prächtigen Rosengarten. Die dazugehörige Burganlage auf dem Hügel der Rapperswiler Halbinsel ist von historischer Bedeutung. Sie beherbergt heute das Schloss-Restaurant und das Polenmuseum. Davor liegt der Hirschpark auf dem Lindenhof mit traumhaftem Blick auf den Zürichsee.

Die 10 bis 15 Damhirsche erinnern an die Sage der Stadtgründung. So sollen der Graf von Rapperswil und seine Frau bei der Jagd eine Hirschkuh und ihre zwei Kälber verschont haben. Die Kuh dankte es mit ihrem Zutrauen und legte der Frau den Kopf in den Schoss. Gerührt von der Geste, liess der Graf an jener Stelle das Schloss Rapperswil bauen.

Adresse Lindenhügel, 8640 Rapperswil | **Anfahrt** A 3, Ausfahrt Pfäffikon SZ, über den Seedamm bis Rapperswil Zentrum, wo das Schloss schon von Weitem zu sehen ist (öffentliche Parkhäuser rund um das Schloss vorhanden) | **Tipp** Im «Setareh», der kleinsten Beauty-Wellness-Oase der Welt, geniessen Sie sinnliche Düfte aus fernen Welten und mystische Entspannungsrituale aus längst vergangenen Tagen (Marktgasse 20, 8640 Rapperswil).

63_Die Klosterglocke

Eine Fälschung wird zur Tatwaffe

Kaiser Karl der Grosse war eine markante Persönlichkeit, ein grosser Krieger, Eroberer und Jäger zugleich. Er verhalf Kirche, Staat und Kultur zu einer Reformation. Sein Feind war das Heidentum, das er ohne Gnade auszurotten versuchte. Karls Herrscherzeit sollte Europa für immer verändern.

Auf seinen langen Reisen besuchte der Kaiser nicht selten das bekannte Kloster Sankt Gallen. Offenbar genoss er angeregte Gespräche mit den dortigen Schülern. Damals lebte im Kloster ein Mönch namens Tanko. Er war einer der ersten Glockengiesser im Reich und sehr talentiert. Karl der Grosse trug ihm auf, eine schöne Glocke für das Kloster zu giessen. Als er das nächste Mal zu Besuch kam, fand er unter dem Dach neben der Kirche eine prächtige Glocke vor. Der Kaiser war begeistert, klang sie doch wunderschön, fast einer Orgel gleich. So beauftragte er Tanko, ein weiteres Exemplar zu giessen. Er gab dem Mönch dazu einen ganzen Zentner Silber. Es sollte die prächtigste Glocke in seinem riesigen Reich werden.

Tanko war zwar ein Meister im Glockengiessen, doch war er nicht so gottesfürchtig wie die anderen Mönche und gierig dazu. Er behielt das Silber für sich und fertigte stattdessen eine Glocke aus Zinn und Kupfer an. Wieder hängte er sie unter das Dach neben der Kirche.

Als Karl erneut zu Besuch war, wollte Tanko die Glocke läuten lassen. Doch das Metall des Klangkörpers war so schwach, dass der schwere Klöppel herabfiel und den diebischen Mönch auf der Stelle erschlug.

Die Geschichte des Klosters Sankt Gallen reicht bis ins Römische Reich zurück, als die Christianisierung ihren Anfang nahm. Aus der im Jahr 612/13 von Gallus errichteten Einsiedelei ging 100 Jahre später unter Abt Otmar das Kloster hervor. Zwischen dem 9. und 11. Jahrhundert entwickelte es sich zu einem bedeutenden Ort der Bildung und Kultur, nicht zuletzt dank der grossen Klosterbibliothek.

Adresse Klosterhof, 9000 Sankt Gallen | **ÖV** ab Bahnhof Sankt Gallen Buslinie 10 Richtung Abacus-Platz bis Karlstor | **Tipp** Die Stiftsbibliothek im Kloster Sankt Gallen gehört zu den bedeutendsten historischen Bibliotheken der Welt, ihre Anfänge reichen bis ins Jahr 612 zurück. Sie ist UNESCO-Weltkulturerbe mit einem wunderschönen Barockraum und einem Museum (www.stiftsbibliothek.ch).

64__Die Mumie

Ein mittelalterlicher Kriminalfall

Sennwald liegt mitten im Rheintal und blickt auf eine bewegte Vergangenheit zurück. Über 500 Jahre lang herrschten die Freiherren von Sax über das Gebiet. Viele Geschichten ranken sich um die Familiendynastie. So wird erzählt, dass ein junger Nachkomme die Jagd liebte und täglich in den Wald hinausritt. Eines Tages aber verirrte er sich. Plötzlich stand er vor einer Höhle. Mutig ging er hinein, immer tiefer, folgte einem seltsamen Klirren und Klappern und Schlagen. Schliesslich betrat er eine riesige Halle, die Wände aus purem Gold. Hunderte von Zwergen wuselten umher, schürften das Gold von den Wänden und trugen es in die Mitte der Halle, wo ein gewaltiger Schmelzofen stand. Zu seinem Pech musste der Freiherr niesen. Die Zwerge schreckten auf, packten ihn und wirbelten ihn herum. Er fand sich im Wasser wieder, einem dunklen, kalten Fluss, und ruderte verzweifelt mit den Armen. Da fühlte er einen Eimer neben sich, griff nach ihm und wurde emporgezogen. Die Schlossmagd staunte nicht schlecht, als sie den Freiherrn aus dem Brunnen im Burghof zog. Die Höhle mit dem Gold aber wurde nie mehr gefunden. Allerdings, so sagt man, hört man in den Sommermonaten manchmal das Klirren, Klappern und Schlagen der Zwerge unter Tage.

Fast noch abenteuerlicher ist die Geschichte der Mumie. Im Jahr 1596 wurde Johann Philipp Freiherr von Hohensax ermordet, seine Leiche bei der Kirche Sennwald beigesetzt. Als 1730 bei Renovationen die Familiengruft geöffnet wurde, fand man den Leichnam unverwest in seinem violetten Seidengewand. Ein Wunder! Johann wurde zum Märtyrer. 1741 stahlen vier Männer aus Vorarlberg die Mumie. Es gab ein Hin und Her über Johanns Herkunft, seinen Tod, seine Konservierung – und seine göttliche Bestimmung. Schliesslich gelangte er wieder zurück nach Sennwald. In der Burg Forstegg bahrte man ihn offen im Kirchenturm auf. Zu seinem Pech, denn die Leiche begann nun zu verwesen.

Adresse Burg Forstegg, Forsteggstrasse, 9465 Sennwald | **Anfahrt** A 13, Ausfahrt Sennwald, Hofstrasse Richtung Sennwald Bahnhof nehmen, bei der Verzweigung links Richtung Bahnhof Salez-Sennwald, nach 300 Metern rechts in die Forsteggstrasse biegen und bis zum Ende fahren (die Ruine befindet sich in Privatbesitz und kann leider nicht besichtigt werden) | **Tipp** Auf dem Wartauer Sagen- und Geschichtenweg erlebt die ganze Familie eine abenteuerliche Zeitreise durch die Jahrhunderte. Der zwölf Kilometer lange Weg ist von 20 Sagen- und Thementafeln gesäumt (www.tourismuswartau.ch).

65_Der Fischer am Rheinfall

Vom Adrenalinjunkie zum Geist im wilden Wasser

Bis zu 600.000 Liter Wasser pro Sekunde donnern über den Abgrund des Rheinfalls und stürzen 23 Meter in die Tiefe. Stolz ragen die beiden Rheinfelsen aus dem wilden Fluss und trotzen der Naturgewalt. Könnte man sie fragen, sie wüssten viele Geschichten zu erzählen.

So lebte vor langer Zeit ein junger Fischer nahe Schaffhausen am Rheinufer. Abends liess er sich mit gefüllten Fischkörben in seinem kleinen Boot den sanften Fluss hinuntertreiben. Schläfrig träumte er von Nebelfrauen, die durch die überhängenden Weiden und Erlen am Ufer huschten, und von einer schönen Geliebten. Plötzlich sah er im Traum einen schnaubenden Stier, und ein Gewitter kam auf ihn zu, das ihn donnergrollend packte, schüttelte, umherwirbelte. Entsetzt riss er die Augen auf: «Oh Gott, der Rheinfall!», schrie er und stürzte auch schon mitten im tosenden und schäumenden Wasser in die Tiefe. Wie durch ein Wunder überlebte er den Sturz.

Am nächsten Tag im Wirtshaus prahlte er von seiner Heldentat. Doch die Dorfbewohner wollten ihm nicht glauben. Ein Fremder setzte sich zu ihnen und forderte den jungen Mann heraus: «Wagst du diese Fahrt ein zweites Mal, gebe ich dir einhundert Gulden.»

Der Fischer zögerte nicht lange und willigte in seinem Übermut ein. Die Dorfbewohner folgten ihm ans Rheinufer, vergeblich versuchten sie, ihn von seiner waghalsigen Tat abzubringen. «Was ich im Schlaf kann, schaffe ich doch erst recht, wenn ich wach bin», sagte er und bestieg mutig sein Boot. Doch als er sich zum zweiten Mal die gewaltigen Wassermassen hinunterstürzte, riss der Rhein ihn mit sich und verschlang ihn wie eine hungrige Bestie. Die Dorfbewohner suchten noch lange nach dem Fremden, der aber blieb verschwunden, und so machten sie sich ihre eigenen Gedanken. Seither sieht man in hellen Mondnächten den Geist des Fischers in seinem Boot den Rheinfall hinabstürzen und im schäumenden Wasser verschwinden.

Adresse nördliches Ufer: Rheinfallquai 32, 8212 Neuhausen am Rheinfall, südliches Ufer: Areal Schloss Laufen, 8447 Dachsen, www.rheinfall.ch | **Anfahrt** nördliches Ufer: A 4 Richtung Schaffhausen, im Cholfirsttunnel Ausfahrt Schaffhausen-Süd, der Beschilderung folgen; südliches Ufer: auf der A 4 Winterthur Richtung Schaffhausen, Ausfahrt Dachsen/Rheinfall | **Tipp** Wer lieber nach Luftgeistern sucht, findet im «Adventure Park Rheinfall» in Neuhausen einen Kletterpark mit über 170 verschiedenen Elementen hoch oben in den Bäumen (www.ap-rheinfall.ch).

66 Die Tragödie beim Munot

Liebe, Sehnsucht und Trauer, in Silber gegossen

Der Munot aus dem 16. Jahrhundert ist Schaffhausens Wahrzeichen. Auf dem Emmersberg thront die runde Festung und wacht über ihre Stadt. Jeden Abend um neun läutet der Munotwächter von Hand während fünf Minuten das Neunuhrglöcklein, und das seit 1589. Das «Glöcklein» ist 420 Kilogramm schwer und misst beinahe einen Meter im Durchmesser. Und es hat eine traurige Geschichte zu erzählen.

Es war zu Zeiten der Kreuzzüge, als der Ritter von Schaffhausen für viele Jahre in Palästina weilte und seine Edelfrau sich im Munot vor Sehnsucht nach ihrem Liebsten verzehrte. Es kam der Tag, da machte sich der Ritter mit seinen Knechten auf den Heimweg. Es war ein langer Weg voller Gefahren, doch nach vielen Monaten erreichten sie das Heimatland. Schon hörte der Ritter das Rauschen seines geliebten Rheinfalls. Nur wenige Kilometer trennten ihn noch von seiner Liebsten.

Doch da brach ohne Vorwarnung ein schreckliches Gewitter über sie herein. Die Pferde scheuten und tänzelten. Es wurde so dunkel, dass der Ritter und seine Knechte im Sturm die Orientierung verloren. Es blitzte, donnerte, und der Wind riss ganze Bäume mit sich. Wasser fiel in Sturzbächen vom Himmel und verwandelte den Waldboden in eine gefährliche Sumpflandschaft. Der Ritter und seine Knechte waren verloren und kamen in den Wasserfluten ums Leben. Nur ein Mann konnte sich retten und schleppte sich am Morgen nach dem Gewitter zum Munot, der nicht weit von der Unglücksstelle entfernt war.

Die Edelfrau fand keinen Trost und trauerte um ihren Liebsten, so nah der Stadt Schaffhausen im Mühletal war er gestorben. Der Ritter und die Knechte wurden feierlich beerdigt. Noch am selben Tag gab die Edelfrau ein silbernes Glöcklein in Auftrag. Es sollte von nun an jeden Abend um neun Uhr läuten, damit verirrte Reisende sicher den Heimweg fanden und sich solch eine Tragödie nie mehr wiederholte.

Adresse Munot, 8200 Schaffhausen, www.munot.ch | Anfahrt A 4, Ausfahrt Schaffhausen, Richtung Zentrum fahren und dann der Beschilderung folgen | Tipp Archäologie, Antike, Kulturgeschichte und Kunst unter einem Dach findet man im Museum zu Allerheiligen, das im gleichnamigen ehemaligen Benediktinerkloster untergebracht ist und mitten in der Altstadt von Schaffhausen liegt (www.allerheiligen.ch).

67_Die Nachtspinnerin

Wenn Faulheit mit Blindheit bestraft wird

Zugegeben, das wunderschöne Brunnen am Vierwaldstättersee mit dem traumhaften Bergpanorama im Hintergrund lädt zum Faulenzen ein, zum Flanieren entlang der Promenade, zum Dösen am Ufer des Sees, zum Schlendern durch die schmucken Gassen und Bestaunen der Blütenpracht entlang des Leewassers, wo kleine Boote schaukeln und Enten im Bach schnattern.

Sitzt man nach einem Spaziergang durch Brunnen in einem der vielen Cafés oder bei schönem Wetter auf der Terrasse eines Restaurants, so hört man jedoch vielleicht von einem Einheimischen die alte Geschichte, die Brunnen zu erzählen hat. Die Geschichte von der unheimlichen Nachtspinnerin, die Faulheit mit Blindheit bestrafte. Sie war eine Geistergestalt in weissem Gewand, die in den Nächten auf der Leewasserbrücke sass und goldenen Flachs spann.

In Brunnen lebte damals eine arme Mutter mit ihrer faulen Tochter, der selbst der Blechlöffel zum Essen noch zu schwer war. Wie jeden Tag weigerte sich die Tochter, Flachs zu spinnen. Da jagte die Mutter sie nach einem weiteren heftigen Streit aus dem Hause. Als aber das Mädchen bis Mitternacht nicht zurück war, wurde die Mutter krank vor Sorge. Sie ging in die Nacht hinaus auf der Suche nach der Tochter. Sie fand sie unter einem Kirschbaum auf einer Wiese liegend, müde vom Nichtstun. Harsch scheuchte sie sie auf. Auf dem Heimweg jedoch mussten die Frauen die Leewasserbrücke passieren. Die Mutter bekreuzigte sich, als sie die Nachtspinnerin erblickte, und warnte ihre Tochter: Das Gerücht ging um, dass die Nachtspinnerin faule Mädchen bestrafe, und die Tochter hatte an diesem Tag noch keinen einzigen Faden gesponnen. Doch diese ging nur hochnäsig zu der Nachtspinnerin hin und blickte ihr herausfordernd in die Augen. Da schoss plötzlich ein Blitz aus dem goldenen Flachs und raubte der Tochter das Augenlicht. Erblindet spann die Tochter ab jener Nacht fleissig den Flachs.

Adresse 6430 Brunnen | **Anfahrt** A 4, Ausfahrt Brunnen, dann Richtung Dorf und auf dem Gemeindeparkplatz den Wagen abstellen | **Tipp** Die «erlebniswelt muotathal» bietet wildromantisches Abenteuer pur. Hüttenhotel, Husky-Lodge und 30 Siberian Huskys verzaubern Sie, egal, ob im Winter oder Sommer. Zum Angebot gehören auch Schneetouren, Trekking und Hundeschlittenfahrten (www.erlebniswelt.ch).

68 Der Hexenmeister

Paracelsus' Zauberdegen und ein giftiger Diamant

In Einsiedeln lebte ein berühmter Hexenmeister, Wunderdoktor und Zauberer, sein unvergleichlicher Name lautete Theophrastus Bombastus Augustinus Aureolus Paracelsus von Hohenheim. Die Bauern nannten ihn aber einfach Raster. Heute findet man bei der Teufelsbrücke in Egg den Paracelsus-Stein, ein Denkmal für den berühmten Arzt, der hier geboren wurde.

Tatsächlich gibt es viele Varianten der Paracelsus-Sage. Eine Version geht so: Raster besass einen wertvollen Degen, in dessen Kopf alle vier Elemente vereint waren, und was man mit dem Degenkopf berührte, verwandelte sich in pures Gold. Sein Schwager aber war neidisch auf Raster und vergiftete ihn mit einem Diamanten. Noch im Todeskampf erkannte Raster die Tat seines Schwagers, malte mit Kreide dessen Bild an die Wand und schoss einen Pfeil darauf ab. Sogleich fiel der Schwager tot um. Jetzt schloss sich Raster in sein Zimmer ein und begann zu zaubern. Doch besorgte Freunde brachen die Tür auf und zerstörten damit den Gegenzauber, der Raster vor dem Tod gerettet hätte. Er rief einen treuen Diener zu sich. Zur Belohnung wollte er ihm den Degen oder seine Bücher vermachen. Da der Diener nicht zaubern konnte, entschied er sich für die Bücher. Raster gab dem Diener die Anweisung, den Degen in die Sihl zu werfen. Der Diener aber versteckte ihn unter einem Busch und wollte das wertvolle Stück nach Rasters Tod verkaufen. Als er zurückkam, war Raster, dem Tode schon sehr nahe, wütend über den Betrug, den er sofort bemerkte. Reumütig ging der Diener zurück und erfüllte seinen Auftrag. Kaum fiel der Degen in die Sihl, begann der Boden zu beben, so auch Rasters Haus. Jetzt wusste er, dass niemand seinen Degen erben würde und für ihn die Stunde des Todes gekommen war.

Heutige Untersuchungen am Skelett von Paracelsus haben eine stark erhöhte Konzentration von Quecksilber in seinen Knochen ergeben.

Adresse Teufelsbrücke Etzel, 8847 Egg | **Anfahrt** A 3, Ausfahrt Schindellegi, dann auf der Hauptstrasse über Schindellegi bis Biberbrugg, im Kreisverkehr links Richtung Einsiedeln, wieder links den Waldweg Richtung Etzelpass; oder von Pfäffikon über den Etzelpass bis zur Teufelsbrücke fahren (siehe 65 Etzelpass) | **Tipp** In der Schafbock- und Lebkuchenbäckerei «Goldapfel» an der Kronenstrasse 1 in Einsiedeln findet man seit 1850 echte Einsiedler Spezialitäten im wunderschönen Nostalgieladen mit eigenem Museum (www.goldapfel.ch).

69 Die Raben des Meinrad

Zwei schwarze Vögel auf Mörderjagd

Schlendert man durch Einsiedeln, sind der heilige Meinrad und seine Raben allgegenwärtig: als Malereien an den Fassaden, auf wehenden Fahnen oder als Statue beim Bahnhof. Das Kloster Einsiedeln steht heute dort, wo früher Wildnis herrschte. Der heilige Meinrad lebte dort in einer einfachen Hütte bis zu seiner Ermordung im Jahr 861.

Er entstammte dem Geschlecht der Grafen von Hohenzollern, die später über Deutschland herrschen sollten. Meinrad aber zog sich in die Wildnis zurück. Das Leben im Kloster Reichenau und danach auf dem Etzelpass war ihm zu laut geworden. Er suchte die Einsamkeit in der Natur. Wenn nachts im Wald, den die Einheimischen den finsteren Wald nannten, der Föhn tobte, die Wölfe heulten und Geister spukten, so fürchtete er sich nicht, da ihn die Engel beschützten. Eines Tages fand er auf einer Tanne ein Nest mit zwei jungen Raben. Er rettete sie vor einem hungrigen Sperber und zog die Vögel auf. Sie wurden seine treuen Begleiter, spielten um seine Hütte herum und wachten über ihn.

Eines Nachts aber schlichen zwei Landstreicher durch den Wald. Sie überfielen den Einsiedler und erschlugen ihn. Zu spät bemerkten sie, dass es nichts zu holen gab und sie einen Heiligen getötet hatten. In Panik flohen sie so weit weg, wie sie nur konnten. Die Raben jedoch folgten ihnen. In Zürich endlich fühlten sich die Räuber sicher genug und kehrten in ein Gasthaus ein. Sie sassen gerade bei einem Krug Bier, als die Raben durchs Fenster flogen und mit ihren Schnäbeln auf die Räuber einhackten. Bald waren die Männer als die Mörder des heiligen Meinrad entlarvt und wurden vom Gericht zum Tode verurteilt.

Im Kloster Einsiedeln liegt Meinrad heute begraben. Sein Herz aber soll in der kleinen Kapelle auf dem Etzelpass beigesetzt worden sein. Auf der Passhöhe auf 950 Metern stehen die Kapelle und das Gasthaus St. Meinrad, direkt an der Pilgerroute des Jakobsweges.

Adresse Etzelpasshöhe, 8847 Egg, www.stmeinrad.ch | **Anfahrt** A 3, von Norden die Ausfahrt Schindellegi nehmen, weiter Richtung Pfäffikon, im Dorf rechts auf die Churerstrasse; von Süden die Ausfahrt Pfäffikon nehmen, im Ort auf der Churerstrasse beim Kreisverkehr die Huobstrasse Richtung Etzelpass / Einsiedeln nehmen und 5 Kilometer bis zur Passhöhe fahren | **Tipp** Im Restaurant speisen, im Biergarten die Aussicht geniessen, hofeigene Produkte einkaufen, mit den Haflingern ausreiten, eine Kutschfahrt unternehmen und im Stroh übernachten? Der «Haflingerhof» in Egg macht's möglich (www.haflingerhof.ch).

70_Der Lebensfaden

Drei alte Weiber spinnen für den Teufel

Euthal liegt in einem Seitental des schwyzerischen Sihltals. Das Dorf ist ein beschaulicher Ferienort. Er liegt am oberen Ende des Sihlsees, nicht weit von Einsiedeln entfernt. Der See lädt im Sommer zum Schwimmen, Surfen, Radfahren und Angeln ein.

Mitten im Dorf steht eine kleine, aber imposante Kirche. Seltsames soll sich darin zugetragen haben. Während der Predigt glaubte ein Mann, eine Frau zu sehen, der man die Hexerei nachsagte. Doch plötzlich war sie weg. Als er später ein zweites Mal zur Frauenseite hinüberstarrte, sass sie wieder auf der Holzbank. Kaum war die Predigt vorbei, nahm er sie beim Weihwasserbrunnen zur Seite und drängte sie, ihm zu verraten, was da soeben geschehen war. Sie zögerte, erzählte dann aber ihre Geschichte.

So sass sie auf der Bank in der Kirche und sah einen Teufel hinter dem Mann tanzen, als er sie das erste Mal anstarrte. Plötzlich packte sie ein Windwirbel und schleuderte sie aus der Kirche, über das Euthal hinweg bis zur Ahornweid hoch. Dort sassen im Herbstnebel unter einem Ahorn drei alte Weiber und spannen einen Faden um den Baum. Als die Kirchglocken im Tal unten läuteten, schliefen die Weiber ein. Ein Faden löste sich und wurde vom Wind zur Kirche hinuntergetragen. Die Frau verwandelte sich plötzlich in eine Spinne. Rasch lief sie auf ihren acht Beinen über den Faden zurück zur Kirche. Kaum krabbelte sie wieder auf die Kirchbank, verwandelte sie sich zurück. Das war der Moment, als der Mann das zweite Mal zu ihr hinüberblickte. Diesmal sah die Frau bereits zwei Teufel hinter ihm tanzen.

Es war sein Glück, dass die Predigt bald zu Ende war und er kein drittes Mal zu ihr schaute, denn drei Teufel hätten ihn mit dem Lebensfaden der drei Weiber erwürgt.

Bleich vor Angst, wagte es der Mann nie mehr, während der Predigt zur Frauenseite der Kirche zu starren, und hörte stattdessen dem Pfarrer aufmerksam zu.

Adresse Euthalerstrasse, 8844 Euthal | **Anfahrt** A 3, Ausfahrt Schindellegi, weiter bis Einsiedeln, auf der Hauptstrasse durch Einsiedeln fahren Richtung Sihlsee / Euthal, den See entlang auf der Grosserstrasse, dann links über die Brücke der Euthalerstrasse und rechts weiter bis Euthal fahren | **Tipp** Der 1933 verstorbene Einsiedler und Schriftsteller Meinrad Lienert ist der Urvater der Schweizer Sagen- und Mundartdichtung. Das Museum Fram verfügt über eine beachtliche Sammlung seiner Werke, von denen einige in einer Dauerausstellung gezeigt werden (www.fram-einsiedeln.ch).

71_Tod einer Königin

Eine Liebesheirat endet in einer Tragödie

König Leopold III. heiratete am 4. November 1926 die schöne schwedische Prinzessin Astrid. Eine Liebesheirat unter Adligen. Die Belgier gaben ihrer bezaubernden Königin aus dem Norden den Übernamen «Schneekönigin». Das Königspaar bekam drei Kinder. Die Sommermonate verbrachte die Familie oft in ihrer Residenz «Haslihorn» in Sankt Niklausen am Vierwaldstättersee.

Die grosse Tragödie ereignete sich am 29. August 1935 kurz nach neun Uhr am Morgen. Bei einem Ausflug Richtung Küssnacht fuhr König Leopold persönlich den Wagen, ein Packard 120 Cabriolet. Seine Frau sass auf dem Beifahrersitz und hielt eine Strassenkarte in der Hand. Der Chauffeur hatte ausnahmsweise hinten auf der Rückbank Platz genommen.

Ein Spenglergeselle am Strassenrand beobachtete, wie die Königin auf die Rigi zeigte. Plötzlich fuhr das Auto auf einen seitlichen Randstein auf. Mit hoher Geschwindigkeit geriet der Wagen ins Schlingern und fuhr nach rechts auf die steile Böschung, die hinunter zum See führte. Mit der Beifahrerseite schlug der Packard gegen einen Birnbaum. Die Königin wurde aus dem Wagen geschleudert und blieb in der Wiese liegen. Das beschädigte Auto rollte weiter, prallte gegen einen zweiten Baum und kam im Wasser im hohen Schilf zum Stehen. Rasch trafen die Polizei und Ärzte ein, aber Königin Astrid verstarb noch vor Ort in den Armen ihres geliebten Königs.

Am 3. September wurde die Königin in Brüssel bestattet. Den Unfallort aber belagerten nach dem Unglück so viele Besucher und Trauernde, dass zeitweise der Verkehr durch parkende Autos zusammenbrach. Ein Jahr später weihte man die Gedenkstätte ein.

Experten untersuchten damals den Packard, man stellte aber keine Mängel fest. Der König liess das Auto später südlich von Meggenhorn versenken. Noch heute liegt der Unglückswagen der Schneekönigin in 200 Meter Tiefe in der Kälte begraben.

Adresse Luzernerstrasse, 6403 Küssnacht | **Anfahrt** A 4, Ausfahrt Küssnacht, dann auf der Hauptstrasse Richtung Luzern, links direkt am See liegt die Astrid-Kapelle; oder A 2, Ausfahrt Luzern, durch Luzern Richtung Meggen / Küssnacht entlang des Sees fahren | **Tipp** Die Tellskapelle und die Hohle Gasse zwischen Küssnacht und Immensee befinden sich auf geschichtsträchtigem Boden, denn hier soll der Volksheld Wilhelm Tell den Landvogt Gessler getötet haben.

72 Der Wiegengeist

Ein Frauenschuh in Kinderhand

Im Hochmoor bei Iberg sollen seit jeher Geister gelebt haben. Auch Hexen und Moorleichen spukten des Nachts in den Mooren, so sagen die Legenden. Die Bauern fürchteten sich vor den unheimlichen Gestalten.

So soll es einmal im Spätherbst zu stürmen begonnen haben. Dunkle Wolken zogen auf, und ein starker Wind fegte über die Berghänge. Bereits hörte man es donnern. Doch das Heu der Bauern lag noch auf den Feldern, und so eilten sie alle auf die Alp, um es rasch zusammenzurechen und in die schützenden Gaden zu tragen. Zu jener Zeit hatte eine Bäuerin gerade Zwillinge geboren. Die Kleinen lagen in einer Wiege in der warmen Stube, als es draussen zu gewittern begann. Da hörte die Bäuerin, wie ihr Mann rief, sie solle ihm beim Heuen helfen. Nur ungern liess sie ihre Kinder allein im Haus zurück, aber sie machte sich mit dem Rechen auf zur Alp. Vorher jedoch steckte sie die Klinge einer Axt in den Rasen vor dem Haus, mit dem scharfen Teil nach oben, damit die Wetterhexe ihr Haus verschone.

Sie war auf dem Weg zur Alp hoch, als sie plötzlich zwei Kinder weinen hörte. In Panik rannte sie ins Moor hinein und fand auf einem Stein ein altes, buckliges Weib kauern. In den Armen wiegte sie die verängstigten Zwillinge. Die Bäuerin rannte entsetzt auf sie zu, aber da verschwand das Weib wie von Zauberhand. Eine ganze Weile noch suchte die Frau nach ihren Kindern – vergeblich. Als sie zurück in ihr Haus kam, sassen ihr Mann und die Gesellen schon am Tisch und warteten auf ihr Essen. Die Bäuerin aber lief sogleich zur Wiege. Zu ihrer Überraschung lagen ihre Zwillinge wohlbehütet darin und schliefen. Jedes Kind hielt eine Blume in der Hand, einen Frauenschuh. Als jetzt ihr Mann erklärte, dass er nicht nach ihr gerufen hatte, da verstand die Frau, dass der gute Wiegengeist gekommen war, um die Kinder vor dem Unwetter zu beschützen.

Adresse Passhöhe und Restaurant Ibergeregg, 8843 Oberiberg | **Anfahrt** A 4, Ausfahrt Schwyz, im Stadtzentrum links Richtung Rickenbach/Einsiedeln, 11 Kilometer der Ibergereggstrasse zur Passhöhe folgen; oder A 3, Ausfahrt Schindellegi, weiter über Einsiedeln, Euthal und Oberiberg zur Passhöhe Ibergeregg | **Tipp** Von der Passhöhe aus führt ein mit Holzprügeln und Kies präparierter historischer Säumerweg durch das mystische Hochmoor Tubenmoos auf der Ibergeregg.

73 Der Schatz im See

Goldene Fusstritte auf dem verwunschenen Sihlseeli

Fährt man vom oberen Ende des Sihlsees weiter bis zum Ochsenboden, wo der Golfplatz Ybrig liegt, so kann man dort parkieren und die Wanderschuhe überziehen. Etwa zwei Stunden dauert der Aufstieg zum kleinen Sihlseeli. Mystisch liegt der tiefblaue See am Fuss des Lauibergs auf 1.830 Metern. In dieser herrlichen Ruhe entspringt die Sihl.

Es geht die Geschichte unter der Bevölkerung, dass im Sihlseeli ein goldener Schatz begraben liege, bewacht von einem traurigen Echo. Erlöst man in der Karfreitagsnacht das verwunschene Echo, so soll einem der Schatz als Belohnung gehören.

Ein junger Bursche machte sich also in der Karfreitagsnacht bei Vollmond auf den Weg hoch zum Sihlseeli. Gespenstisch leuchteten die verschneiten Berghänge im Mondlicht. Doch mutig stellte er sich ans Ufer und rief: «In Gottes Namen, Echo, zeige dich!» Dreimal rief er das Echo herbei. Plötzlich löste sich aus der Felswand des Lauibergs, gegenüber am anderen Seeufer, ein Nebelchen und schwebte heran: das Echo! Ein Gesicht bildete sich aus dem Nebel, dann ein weisses Gewand und Haare, die glänzten wie pures Gold. Auf dem Wasser hinterliess das Echo goldene Fussstapfen. Doch der Bursche, starr vor Angst, rief «Jesus Maria!», bevor das Echo ihn erreicht hatte. Erschrocken floh es zurück auf den See hinaus und löste sich wieder in Luft auf. Statt das traurige Echo zu erlösen, hatte der Bursche es mit seiner Angst vertrieben.

Drei weitere Jahre stieg er jeweils in der Karfreitagsnacht zum Sihlseeli hoch, um das Echo zu rufen. Vergebens. Es zeigte sich ihm nie mehr. Als er eines Nachts auf den gefrorenen See trat, um die goldenen Fussstapfen zu suchen, brach er ins eisige Wasser ein und rettete sich nur mit knapper Not ans Ufer zurück. Seit jenem Tag war er nicht mehr klar im Kopf, und in den Vollmondnächten trat er oft unten im Dorf ans Fenster und rief: «In Gottes Namen, Echo, zeige dich!»

Adresse Ochsenbodenstrasse, 8845 Studen | **Anfahrt** A 3, Ausfahrt Schindellegi, weiter bis Einsiedeln, dort auf der Hauptstrasse über die Brücke Richtung Euthal, in Euthal die Studenstrasse Richtung Golf Club nehmen, vom Parkplatz auf der Bergstrasse aus entlang der Sihl wandern, dann dem steilen Weg südwärts bis zum Gribschli folgen, weiter auf dem Viehweg bis zum Sihlseeli (Dauer: rund 2 Stunden) | **Tipp** Der Sihlsee ist mit 8,5 Kilometern Länge der grösste Stausee der Schweiz. Als das Tal 1937 geflutet wurde, verschwanden nebst Gebäuden, Kirchen und Brücken auch 55 Bauernhöfe.

74 Der Werwolf vom Born

Wie die Bestie ihre Tochter rächt

Der Born ist ein sagenumwobener Hügelzug, an dessen Fusse Ortschaften wie Aarburg, Boningen, Kappel und Olten liegen. Es gibt viele Sagen vom Born, am schaurigsten ist jedoch die vom Werwolf. Und die beginnt im Städtchen Wil, das neun Kilometer entfernt an der Aare liegt. Zwei junge Männer erlegten eine Wölfin, obwohl man schon seit vielen Jahren in Wil keine Wölfe mehr gesichtet hatte. Zwei Wochen später, es war Vollmond, hörten die Wiler vom Born her ein unheimliches lautes Heulen und Knurren. Am Morgen fanden sie einen Stallknecht tot am Boden, von einer Bestie schrecklich zugerichtet. In den nächsten beiden Vollmondnächten kam es zu weiteren Bluttaten. Man fand riesige Abdrücke eines Wolfes auf der Erde neben den Leichen.

Mutige Männer von Wil und Kappel zogen schwer bewaffnet auf den Born, streiften durch den Wald und suchten den Wolf. Oft hörten sie böses Knurren oder glaubten, grün funkelnde Augen zu sehen. Aber sie bekamen den Wolf nicht zu fassen. Derweil ging in Wil das Töten weiter. Die Menschen suchten Rat bei einem Kräuterweib, das auch die Karten lesen konnte. «Ich sehe einen weissen Wolf, so gross wie ein Kalb», sagte sie. «Vor ihm liegt eine Wölfin, getötet von Menschenhand. Barmherziger! Die Wölfin ist das Kind eines Werwolfes.»

Jetzt wussten die Wiler, weshalb bei Vollmond der Wolf nach den Mördern seiner Tochter suchte. Das Kräuterweib aber hatte eine Idee: «Bindet bei Vollmond ein Schaf an einen Pfosten, dort, wo ihr die Wölfin getötet habt. Aber vorher gebt ihr dem Schaf einen Silbertaler ins Futter.» Tatsächlich wurde das Schaf bei Vollmond gerissen. Das Silber vergiftete den Werwolf, und das Geheule vom Born verstummte – nicht aber das Knurren. Man sagt, man kann es noch heute hören. Auf einer Lichtung oben auf dem Born baute man ein kleines Gotteshaus, die Bornchrüzkapelle. Und die Wiler nannten ihr Dorf seither nur noch Wolfwil.

Adresse Bornchrüzkapelle, Bornstrasse, 4616 Kappel | **Anfahrt** A 2, Ausfahrt Egerkingen, weiter Richtung Hägendorf, dort rechts in die Gäustrasse Richtung Kappel einbiegen, in Kappel geradeaus auf der Boningerstrasse, dann links Fühlerweg und weiter die Bornstrasse hoch bis zum Parkplatz (die Strasse ist ohne Bewilligung täglich bis 18 Uhr befahrbar) | **Tipp** Ein Wanderweg führt ab Bahnhof Hägendorf in die Tüfelsschlucht, vorbei an Höhlen, Klüften und kleinen Wasserfällen bis zum Allerheiligenberg. Der Weg ist rund drei Kilometer lang und führt über 37 Brücken und Stege.

75 Das Wallfahrtskloster

Todesstürze und ein Rosenstock mit heiligen Windeln

Es war ein sonniger Tag, als die Herrin der Burg Fürstenstein mit ihrer kleinen Tochter spazieren ging. Auf einer Lichtung legte sich die Burgfrau ins Gras. Sie schlief ein. Zu spät bemerkte sie, dass die Tochter über eine Felskante in die Tiefe stürzte. Panisch vor Angst rannte die Frau über enge Pfade hinunter ins Tobel. Da kam ihr die Tochter entgegengelaufen, ohne einen Kratzer. Später erzählte das Kind, es sei mitten im Fall von einer wunderschönen Frau aufgefangen worden. Das konnte nur die heilige Mutter Maria gewesen sein. Aus Dankbarkeit errichtete man eine Kapelle dort, wo heute das Kloster Mariastein steht.

Eine andere Legende besagt, dass ein Hirtenjunge abstürzte und ihn die Muttergottes rettete. Ein weiteres Felsenwunder ereignete sich 1541, als der Junker Hans Thüring Reich von Reichenstein den Sturz ebenfalls überlebte.

Es gibt auch die Sage über einen Rosenstock, dessen eine Knospe nie verwelkt und jedes Jahr an Weihnachten aufblüht, herrlich duftet und ein prachtvolles Licht in die Nacht hinausstrahlt. Der Rosenstock soll in einer Senke im Weiler Tannwald stehen. Man munkelt, er stamme von dem Rosenstrauch ab, an welchem Maria auf der Flucht nach Ägypten die Windeln des Jesuskindes zum Trocknen aufgehängt hatte. Doch das Geheimnis, wie dieser Rosenstock nach Mariastein kam, kennt keiner.

Viele Legenden und Wunder machen das heutige Benediktinerkloster zu einem beliebten Ausflugsziel. Hoch auf dem Felsen thront es, nah an der französischen Grenze, mitten im Baselbiet auf solothurnischem Boden. Die Anlage steht unter Denkmalschutz und ist nach dem Kloster Einsiedeln der zweitwichtigste Wallfahrtsort der Schweiz. Das Herzstück des Klosters ist die unterirdische Felsengrotte mit der Gnadenkapelle. Das Gnadenbild, eine bemalte Madonna aus Stein mit dem Jesuskind im Arm, wird unter den Pilgern «Die lächelnde Madonna» genannt.

Adresse Klosterplatz 2, 4115 Mariastein | Anfahrt A3, Verzweigung nach Delémont nehmen und Ausfahrt Aesch benutzen, ab Aesch ist der Weg nach Mariastein gut ausgeschildert | Tipp Die Regio-Sternwarte Metzerlen, früher ein Teil der Uni Basel, wird heute von einer Stiftung geführt und ist in klaren Nächten für Publikum geöffnet (www.regio-sternwarte-metzerlen.ch).

76 Die Verena-Sage

Eine Ägypterin, eine Heilerin, eine Heilige

Verena kam aus Oberägypten, aus reichem Hause. Sie war eine schöne junge Frau, eine konvertierte Christin. Ihr Verlobter hiess Viktor, ein stolzer Mann aus Theben. Dieser schloss sich einer römischen Legion an, und zusammen ritten sie mit den Thebäern bis weit ins Römische Reich hinein. In Mailand blieb Verena zurück, sie wollte sich dort um die Armen und Kranken kümmern. Viktor aber zog über die Alpen weiter. Doch es war eine gefährliche Zeit. Bei Solothurn fiel er der Christenverfolgung zum Opfer. Er wurde von den Römern enthauptet. Als Verena davon berichtet wurde, reiste sie sofort zu seinem Grab. Allein und schutzlos, als Christin in grosser Gefahr, fand sie in einer Schlucht eine Höhle und beschloss, dort als Einsiedlerin zu leben. Die Bevölkerung hörte von ihren Heilkenntnissen, und Verena kümmerte sich auch hier um die Armen und Kranken. Rasch sprach sich herum, dass sie heilende Hände besass und aus nur wenig Mehl Brot für ein ganzes Dorf backen konnte.

Solothurns römischer Statthalter Hirtacus aber erfuhr von der Christin, nahm sie gefangen und sperrte sie in den Kerker. Ihr drohte die Todesstrafe. Doch Hirtacus wurde schwer krank, seine Ärzte wussten keinen Rat. So wandte er sich im Todeskampf an Verena. Sie vollbrachte ein Wunder und heilte ihn. Hirtacus zeigte sich dankbar, und sie durfte zurück in ihre Höhle. Bald wurde sie als heilige Verena verehrt.

Einmal, bei Sturm, soll sie in der Schlucht fast ertrunken sein, konnte sich aber in letzter Not an dem Loch in der Felswand bei der Martinskapelle festhalten. Noch heute gilt dieses Loch als Wunschloch.

Verena zog schliesslich weiter nach Koblenz und Zurzach. Ihre Legende lebt bis heute weiter. An den Wochenenden pilgern die Menschen zur Verenaschlucht, ganz gleich, ob Gläubige, Familien oder Sonntagsausflügler, die einfach die wilde Schönheit der Natur geniessen möchten. Ein magischer Ort ist es auf jeden Fall.

Adresse Einsiedelei, Verenaschlucht, 4522 Rüttenen bei Solothurn | Anfahrt A5, Ausfahrt Solothurn-Ost oder -West, Richtung Zentrum, am Bahnhof links über die Aarebrücke, beim Kreisel geradeaus Werkhofstrasse, rechts Untere Steingrubenstrasse, wieder rechts Herrenweg und gleich links Obere Steingrubenstrasse, rechts Brüggmoosstrasse und wieder rechts auf die Verenastrasse zum Parkplatz | Tipp In Oberdorf befindet sich die Talstation der Seilbahn Weissenstein, die Sie auf den 1.280 Meter hohen Solothurner Hausberg bringt. Das Panorama vom Säntis bis zum Mont Blanc ist atemberaubend (www.seilbahn-weissenstein.ch).

77__Mystische Barockstadt

Ein Sensenmann, ein Held und die magische Zahl Elf

Solothurn ist eine wunderschöne Stadt an der Aare. Ihre Ursprünge reichen bis in die Römerzeit zurück. Später war sie Sitz der französischen Ambassadoren, denen sie ihre einzigartige barocke Architektur zu verdanken hat. Wahrzeichen Solothurns ist der Zeitglockenturm aus dem 13. Jahrhundert. Hier schon zeigt sich die Mystik, die in dieser Stadt allgegenwärtig ist: Seit 1545 dreht der Sensenmann stündlich das Zeitglas und nickt dabei dem vor Leben strotzenden Ritter zu, während in der Mitte der König mit einer Narrenkappe auf dem Thron sitzt. Das Schauspiel soll den Betrachter über den Sinn des Lebens nachdenken lassen.

Mystisch ist auch die Zahl Elf, die Solothurn seit dem Mittelalter in ihrem Bann hält. So führen jeweils elf Stufen pro Abschnitt zur Sankt-Ursen-Kathedrale hoch. Sie besitzt elf Altäre und elf Glocken. Man sagt, es gäbe in der Stadt elf Brunnen, elf Kirchen, elf Kapellen. Am Amtshausplatz hängt die drei Meter hohe «Solothurner Uhr», deren Zifferblatt nur elf Stunden zeigt. Und die Stadt hat ihr eigenes Öufi-Bier.

Solothurn hat auch seinen eigenen Helden: den Schultheissen Niklaus von Wengi, seinerzeit Vorsitzender des Stadtrates. Während der Reformation im 16. Jahrhundert kam es in der Stadt zu einem Religionskonflikt. Sie teilte sich in zwei Lager. Im Jahr 1533 drohte gar ein Krieg auszubrechen. Die Katholiken hatten die Macht in der Stadt.

Daraufhin planten die Reformierten einen heimlichen Angriff über die Aare hinweg auf ihre Gegner. Um Mitternacht sollte der Streich erfolgen. Doch die Katholiken hörten davon und rüsteten sich zur Gegenwehr. Sie stellten Kanonen auf und feuerten den ersten Schuss ab. Aber Wengi wollte kein Blutvergiessen unter seinen Solothurnern. Mutig stellte er sich vor den Lauf der Kanone. Mit seiner Hand auf dem Herzen sagte er: «Soll Bürgerblut fliessen, so fliesse meines zuerst!»

Adresse 4500 Solothurn | **Anfahrt** A 1, bei der Verzweigung Luterbach auf die A 5 Richtung Biel wechseln, Ausfahrt Solothurn-Ost, über die Luzernstrasse zum Stadtzentrum und in die Altstadt fahren | **Tipp** In den Sommermonaten kann der 66 Meter hohe Zwiebelturm der Sankt-Ursen-Kathedrale bestiegen werden. Die Aussicht ist einmalig. Viele Stufen und enge Wendeltreppen, vorbei an den mächtigen Glocken, führen hoch zur Terrasse.

78__Asconeser Katzen

Von streunenden Touristen und wilden Tieren

Ascona besitzt historischen Charme und mediterranes Flair. Die Seepromenade lädt zum Flanieren ein, die Bänke im Schatten grosser Kastanienbäume, direkt am Ufer des Lago Maggiore, zum romantischen Beisammensein. Das milde Klima lässt Palmen gedeihen, die bunten Hausfassaden sind mit Blumentöpfen geschmückt, und Souvenirläden und Weinhandlungen locken mit regionalen Spezialitäten. Nur ab und an stört eine Luxuskarosse, die langsam an den Strassencafés vorbeifährt, das idyllische Stadtbild.

Ascona ist nicht nur bei Touristen beliebt, sondern auch bei Hunden, die von ihren Herrchen ausgeführt werden. Doch die Vierbeiner scheinen mehr an den vielen Tauben denn an der traumhaften Aussicht interessiert. Und sieht man dann noch eine Katze schnurrend auf einer von der Sonne aufgewärmten Steinmauer liegen, kommt man nicht umhin, an die alte Legende von den Katzen und Hunden zu denken. Wie Katz und Hund seien sie gewesen, die Asconeser und die Locaneser. Neidisch auf des jeweils anderen Marktrecht. Spielchen um Geld und Macht waren schon im Mittelalter populär. Es war wieder Markttag in Ascona, und die Locaneser schmiedeten einen Plan, um den Nachbarn die Geschäfte zu vermiesen. Sie fingen Streunerkatzen ein und liessen sie auf dem Markt frei. Das Chaos war vorprogrammiert. Natürlich wollten die Asconeser die Schmach nicht auf sich sitzen lassen. Am nächsten Markttag in Locarno liessen sie dort ein Rudel wilder Hunde frei und verdarben so ihren Widersachern ebenfalls die Geschäfte.

Die Gemüter haben sich mittlerweile längst beruhigt, und heutzutage sind weniger wilde Katzen und Hunde das Problem als die Deutschschweizer, welche das Städtchen belagern. Aber die Touristen bringen auch viel Geld, und so lächeln die Asconeser Kellner geübt freundlich, wenn der Gast kurz und bündig «Zahlen!» ruft statt «Il conto, per favore!». Wir sind ja schliesslich eine Nation …

Adresse Piazza, 6612 Ascona | **Anfahrt** A2, Ausfahrt Bellinzona-Süd, der Beschilderung Richtung Locarno folgen, durch den Tunnel und auf der Kantonsstrasse weiter bis nach Ascona (Parkplätze direkt am See vorhanden) | **Tipp** Statt Vierbeinern lieber gefiederte Freunde? In der «Falconeria» in Locarno erleben Sie die Welt der Greifvögel hautnah: Adler, Falken, Eulen und Geier in einer natürlich angelegten Umgebung (Öffnungszeiten und Vorführungen unter www.falconeria.ch).

79__Helden und Heilige

Eine Schlacht und sieben Kirchen

Giornico ist ein malerischer Ort in der Leventina, vom Massentourismus noch weitgehend unentdeckt, mit einer spannenden Geschichte, die lange zurückreicht. Weinberge und Kastanienwälder umgeben das Dorf, durch welches der Ticino fliesst. Nur in der Ferne hört man das Rauschen der Autobahn. Hier beginnt das mediterrane Flair des Tessins, die ersten Palmen werfen Schatten an die Steinfassaden der Häuser. Das nur knapp 1.000 Einwohner zählende Giornico hat sieben Kirchen, eine Insel, die über zwei alte Brücken erreichbar ist, und natürlich ein Denkmal, das an die Schlacht von Giornico erinnert.

Anfang des 13. Jahrhunderts gelang die Überquerung der Schöllenenschlucht, wodurch der Gotthardpass zum wichtigsten Alpenübergang wurde. Die Eidgenossen wollten bald darauf die Leventina erobern und zogen verwegen mit nur 600 Mann gegen das 10.000 Mann starke Heer der Mailänder. Und die eidgenössischen Haudegen waren schlau. Am 28. Dezember 1478 lockten sie die Mailänder bis in die Talenge von Giornico hinein und fielen über sie her. Unfähig, mit ihrer schwerfälligen Armee auf dem verschneiten und vereisten Boden zu kämpfen, kam es zu einem Gemetzel. Viele verloren ihr Leben, bevor die Italiener sich zurückzogen. Mit diesem Sieg ging die Leventina an die Urner über.

Aber nicht nur der Helden wird in Giornico gedacht, sondern auch der Heiligen. Fast verwunschen steht die Kirche San Pellegrino mitten im Kastanienwald, nur über einen Wanderweg vom Stadtteil Altirolo aus zu erreichen. 1345 wurde sie dem heiligen Pellegrino geweiht. Herrliche Malereien schmücken die Wände im Inneren. So ziert ein monumentales Jüngstes Gericht die östliche Rückwand, und zwischen den Fenstern sind riesige Apostelfiguren aufgestellt.

Im Dorf selbst steht die Kirche San Nicolao aus dem 12. Jahrhundert. Das unter Denkmalschutz stehende Gebäude ist das bedeutendste romanische Bauwerk des Kantons Tessin.

Adresse Via S. Gottardo, 6745 Giornico | **Anfahrt** A2, aus nördlicher Richtung Ausfahrt Faido, dann Richtung Bellinzona fahren, 10 Kilometer der Kantonalstrasse bis Giornico folgen; aus südlicher Richtung Ausfahrt Biasca, Richtung Faido der Kantonalstrasse 9 Kilometer folgen | **Tipp** Das Museo di Leventina, Giornico, im Casa Stanga, einer Taverne aus dem 16. Jahrhundert, zeigt Schätze aus Giornico und der Leventina (April–Okt. Di–So 14–17 Uhr, www.museodileventina.ch).

80 Die Schattenreiter

Der Richter und die Schutzwache der Engel

In Bellinzona lebte einst ein gerechter und unbestechlicher Richter. Er war hoch angesehen im Volk, von Gaunern und Halunken dagegen gehasst. Oft ritt er nach Magadino, dem Dorf am Seeufer, wo der Ticino und die Verzasca in den Lago Maggiore münden, um dort dem Landgericht beizuwohnen.

Drei bösen Burschen aus der Gegend war der Richter ein Dorn im Auge, und sie beschlossen, ihn umzubringen. Eines Nachts ritt er nach getaner Arbeit von Magadino über die einsame Auenlandschaft zurück nach Bellinzona. Die Burschen lauerten ihm mit ihren Dolchen hinter einem Busch auf. Doch sie staunten nicht schlecht, als sie sahen, dass sechs Reiter in glänzender Rüstung den Richter begleiteten. Enttäuscht gaben die Schurken ihr Vorhaben auf und warteten auf die nächste Gelegenheit. Zu sechst lauerten sie eine Woche später dem Richter auf, doch zwölf Reiter bildeten diesmal seine Schutzwache. Und in der Woche darauf, als zwölf Burschen zum Angriff bereit waren, beschützten 24 Reiter den Richter. Schnell kam die Vermutung auf, dass ein Verräter die üble Tat der Kerle vereitelte. So folgten sie dem Richter heimlich bis nach Bellinzona. Sie beobachteten, wie er sein Haus betrat. Dann plötzlich löste sich die Schutzwache wie ein Schatten an der Wand auf und verschwand spurlos. Schnell war den Burschen klar, dass Gott dem Richter Schutzengel geschickt hatte. Sie fielen vor ihm auf die Knie und flehten um Vergebung, die ihnen der Richter, der ein gutes Herz hatte, grosszügig gewährte.

Die Bolle di Magadino ist ein wundervoll mystischer Ort, vor allem in der Dämmerung. Naturlehrpfade mit Aussichtsplattformen führen durch die Sumpfebene. Dank des Flussdeltas findet man hier eine einzigartige Auenlandschaft vor. Trauerweiden und Weisserlen säumen Sandbänke und kleine Tümpel. Das Delta steht unter Naturschutz und bietet einer reichen Artenvielfalt von Flora und Fauna einen natürlichen Lebensraum.

Adresse Via Cantonale, 6573 Magadino | **Anfahrt** A 2, Ausfahrt Bellinzona-Süd, über die Via Cantonale Richtung Locarno fahren, nach 10 Kilometern beim Kreisverkehr die zweite Ausfahrt Richtung Gambarogno nehmen; die südliche Bolle erreicht man ab Schiffländе Magadino zu Fuss in etwa 5 Minuten, zur nördlichen Bolle gelangt man über den Bahnhof Gordola | **Tipp** Von März bis Oktober kann man die Brissago-Inseln mit ihrem botanischen Garten besuchen – exotisches Feeling mit traumhafter Aussicht!

81__Die Auswanderer

Vor dem amerikanischen Traum kam das Grotto America

Seit 2012 führt der junge Gastgeber Davide Buvoli sein Grotto America. Fast verwunschen ist es an den Berghang gebaut. Steinerne Treppen führen zu verwinkelten Ecken, kleinen Nischen, unterirdischen Kammern. Die Steine und alten Bäume sind mit Moos bewachsen. Senkrecht führt der Fels hinter dem Grotto hoch bis zu den Wolken. Dort oben sei auch ein antiker Tempel, erzählt Davide.

Das Grotto blühte auf, als zwischen 1849 und dem Ersten Weltkrieg an die 22.000 Tessiner nach Kalifornien auswanderten. Das Grotto America, wie es schon damals hiess, war der Treffpunkt vor dem Marsch nach Genua. Die Familien hörten vom Goldrausch und wollten ihren amerikanischen Traum verwirklichen – einige schafften es auch. Davide hat viel geforscht, ist nach Kalifornien gereist und hat die Nachkommen einiger Auswanderer besucht. So war Nichelini einer der ersten Winzer im Napa Valley. Eine Flasche seines Weines steht heute auf dem Tisch im Grotto.

Buvoli setzt auf Tradition. «Wir servieren Tessiner Spezialitäten wie Fleisch-, Wurst- und Käseplatten, Polenta und Risotto mit Produkten aus der Region.» Auf der kleinen Freiluftbühne spielen im Sommer Livebands. Es ist herrlich, auf der Terrasse im Grünen zu sitzen, unter den alten Bäumen, mit dem Rauschen der Maggia im Hintergrund, oder an der Bar ein Glas Tessiner Merlot zu trinken. An kühlen Abenden können sich die Gäste in eine der drei Gaststuben mit Kaminfeuer zurückziehen. In der Grotte, einer in den Fels gehauenen Höhle, ist es besonders gemütlich. Ein einziger grosser Tisch steht im Raum. In Steinkammern hinter Glasscheiben lagern die Weinflaschen. Die Felsritzen und das eisige Wasser im Berg kühlen die Luft in den Kammern auf fünf Grad hinunter.

Buvoli lebt seinen Traum mit viel Liebe zum Detail. Die Wintermonate verbringt er damit, das Grotto zu restaurieren, umzubauen und seine neuen Ideen in die Tat umzusetzen.

Adresse Via ai Grotti 71, 6652 Ponte Brolla, www.grottoamerica.ch | **Anfahrt** A 13, bis Autobahnende Ascona, der Via Locarno folgen Richtung Vallemaggia, nach knapp 3 Kilometern beim Bahnhof Ponte Brolla links auf die Via Cantonale abbiegen und gleich rechts auf die Via ai Grotti | **Öffnungszeiten** April–Okt. täglich 10–23 Uhr | **Tipp** Vom Grotto hinunter zur Maggia, gleich bei der alten Eisenbahnbrücke, finden sich traumhafte Gumpen zum Schwimmen und Planschen im kühlen Bergwasser. Aber Vorsicht bei Hochwasser!

82 Das Sanatorio

Eine Heilanstalt zum Fürchten

Ein Anwesen wie aus einem Hitchcock-Film – oder aus einem Buch von Stephen King. Grösser kann der Gruselfaktor kaum sein. Es liegt auf der linken Seite des Leventinatals. Man blickt hinunter auf die Dörfer Ambrì und Piotta. Und man sieht die Autobahn, die sich in der Ferne durch die Ebene schlängelt. Selbst an einem schönen Herbsttag, wenn die Blätter der Kastanienbäume in den prächtigsten Farben leuchten und im Hintergrund der verschneite Gotthard majestätisch thront, vermag das Sanatorio del Gottardo einen in Horrorstimmung zu versetzen. Es schliesst den Besucher ein in seine eigene Welt, eine Welt des Leidens. Nicht nur die über 100-jährigen Balken stöhnen und ächzen, fast scheint es, als hätten sich die Seelen der Verstorbenen, die hier einst litten, mit dem Haus vereint und ihm Leben eingehaucht. So erstaunt es nicht, dass allerlei Paranormales über diesen Ort berichtet wird.

Das Sanatorio wurde 1905 gebaut. Eine einst prächtige Anlage am Hang von Altanca auf 1.150 Metern Höhe mit grossem fünfstöckigen Haupthaus, einem Ärztehaus (das heute noch bewohnt ist) und einem Waschhaus. In den 76 Krankenzimmern behandelte man im Ersten Weltkrieg verletzte Soldaten. Danach wurden in der Heilanstalt die Tuberkulosekranken gepflegt. Seit rund 50 Jahren steht das Gebäude leer. Vom Heimatschutz werden Investoren gesucht, um es zu restaurieren.

Es braucht starke Nerven, um den Wagen an der Serpentinenstrasse zu parken und sich dem Sanatorio zu nähern. Hier oben ist man allein, allein mit den Geistern. Die Fassade ist beeindruckend mit ihren zersprungenen Glasscheiben, den losen Balken und Graffitischmierereien. Die «Betreten verboten»-Schilder halten wohl nicht die Geister zurück, die in den dunklen Winkeln, dem Totenkeller und den Behandlungszimmern spuken sollen, in denen noch immer Maschinen und furchteinflössende Geräte stehen, mit denen man die Kranken zu heilen versuchte.

Adresse Scruengo 10, 6776 Quinto | **Anfahrt** A 2, Ausfahrt Quinto, der Via San Gottardo nach Norden durch Ambrì bis Piotta folgen, am Ende des Dorfes rechts abbiegen Richtung Altanca, die Autobahn und den Ticino überqueren, dann gleich links die Via Piora nehmen, nach vier engen Kurven sieht man das Sanatorio vor sich | **Tipp** Die Standseilbahn Ritom ist mit 87,8 Prozent Steigung eine der steilsten Bahnen ihrer Art in Europa. Von Mitte Mai bis Mitte Oktober führt sie hinauf zur Bergstation Piora auf 1.369 Metern über Meer, wo sich eine herrliche Alplandschaft mit verwunschenen Bergseen eröffnet (www.ritom.ch).

83 Miss Highsmiths Grab

Talent und Wahnsinn im Tal der Tränen

Tegna ist ein beschauliches Dorf im Maggiatal – im Tal der Tränen. Es war ebendiese Ruhe, die Miss Patricia Highsmith geliebt hat. Eine Ruhe, die sie noch immer geniesst, in ihrem Urnengrab auf dem kleinen Friedhof hinter dem alten Kirchturm. Fast ehrfürchtig steht man vor dem schlichten Grabstein. Hier liegt die Asche einer grossen Schriftstellerin – einer Exzentrikerin par excellence.

1921 in Texas geboren, verlebte sie dort eine schwierige Kindheit. Die Mutter liess sich scheiden, ihren Stiefvater konnte Highsmith nie leiden. Sie studierte Englische Literaturwissenschaft, schrieb Kurzgeschichten und arbeitete auch zeitweilig in einem Spielzeugladen, und das, obwohl sie Kinder nicht ausstehen konnte. Seit 1963 lebte sie in Europa, wechselte immer wieder den Wohnsitz, mal Frankreich, mal England, dann die Schweiz. 1955 schrieb sie ihr wohl bekanntestes Werk: «The Talented Mr. Ripley», das auch zweimal verfilmt wurde. In ihren Psychokrimis ging es nie um das «Wer», sondern immer um das «Warum». Was treibt einen unauffälligen Durchschnittsmenschen zu einer teuflischen Tat? Was ist gut, was ist böse? Heiligt der Zweck die Mittel?

Für Highsmith war die Welt weder schwarz-weiss noch grau. Sie lebte in ihrer eigenen dunklen Welt, besessen von ihrer Arbeit und mit einem Wahn zum Detail. Sie rauchte und trank und pflegte lesbische Affären mit dominanten Frauen. Gesundheitlich war sie angeschlagen und litt an Depressionen. Aber sie konnte sich durchaus für etwas begeistern: Sie liebte Katzen und vor allem Schnecken. Nicht selten trug sie welche in ihrer Handtasche mit sich herum, nahm sie mit auf langweilige Partys oder auf Flugreisen.

Nach ihrem Tod 1995 hinterliess sie eine riesige Sammlung von unveröffentlichten Manuskripten, Schriften, Briefen und Listen. Highsmith war schwierig im Umgang und nicht wirklich eine nette Person, aber ihr Talent war herausragend und ein Geschenk für die Nachwelt.

Adresse Piazza, 6652 Tegna | **Anfahrt** auf der A 13 bis Autobahnende Ascona, der Via Locarno folgen, auf der Piazza Alberto Viggizi links abbiegen auf die Via Valle Maggia, nach knapp 3 Kilometern links auf die Via Cantonale nach Tegna fahren, dort links in die Via Campagna einbiegen (der Friedhof liegt gleich neben der Kirche) | **Tipp** Der malerische Dorfkern von Ronco sopra Ascona, hoch oben über dem Langensee auf einer Felsenterrasse, ist einen Abstecher wert. Ein Fussweg über die Via Fontana Martina führt über 800 Steinstufen hinunter ans Ufer von Porto Ronco.

84 Der versunkene Wald

... oder: Chatten per Eichhörnchen-Kurier

Tief und unergründlich sei der See, so sagt man. Auf seiner Oberfläche spiegeln sich die sanften, bewaldeten Hügel des Umlands. Sein Wasser ist trüb und dunkelgrün, wie die Farbe von Eichenblättern, und dies nicht grundlos. Im See liegt ein ganzer Eichenwald begraben, so die Sage. Schon so manches Fischernetz soll sich in den Ästen der Bäume verfangen haben und konnte nur zerrissen wieder ins Boot gezogen werden. Es war ein Fluch, der den Wald fluten liess und durch den der Bichelsee entstand.

Der Eichenwald gehörte einer frommen Witwe. Doch ein gieriger Nachbar beanspruchte ihn für sich. Vor Gericht fand die Frau kein Gehör. Daraufhin verwünschte sie den ihr geraubten Wald. Die Erde zitterte und bebte, ein Sturm brach los, so heftig, dass der Tag zur Nacht wurde. Blitze entflammten den Himmel, Donnergrollen rollte übers Land. Als sich am nächsten Tag endlich die letzten Wolken verzogen, war der Eichenwald verschwunden. An seiner Stelle glitzerte nun der tiefgrüne Bichelsee im Sonnenlicht.

Im Mittelalter stand auch eine Burg am Wasser, die den Namen Alt-Bichelsee trug. Und gegenüber, auf einem Hügel, stand die Haselburg. Die Burgherren erfanden ein intelligentes Kommunikationsmittel: den Eichhörnchen-Kurier. Man sagt, zwischen den Burgen sei über den See eine Kette gespannt worden, die den Eichhörnchen als Brücke diente. So konnte ein reger Briefwechsel zwischen den Burgen stattfinden.

Heute ist von den Burgen nicht mehr viel zu sehen. Aber der See ist ein herrliches Fleckchen Natur. Er liegt im Hinterthurgau, im Tannzapfenland. Im Sommer säumen Seerosen das Ufer, und Enten und Libellen tummeln sich am Wasser. Er kann nicht auf Wegen umrundet werden, aber ein schönes Naturbad zieht Badegäste an. Der See liegt auf der Kantonsgrenze: Das Strandbad und der Kiosk gehören zu Zürich, der grösste Teil des Sees hingegen zum Kanton Thurgau.

Adresse Turbenthalstrasse, 8363 Bichelsee | **Anfahrt** A 1, Ausfahrt Münchwilen, beim dritten Kreisverkehr in Sirnach erste Ausfahrt rechts und über die Hauptstrasse durch Eschlikon bis Bichelsee-Balterswil fahren, im Dorf der Hauptstrasse folgen, die zur Turbenthalstrasse wird, der See liegt rechts am Dorfende | **Tipp** Im Kloster Fischingen sind Hotel und Gastronomie, eine Klosterbrauerei, eine Schreinerei und die Gemeinschaft der Benediktinermönche unter einem Dach vereint. Auch kulturelle Veranstaltungen finden regelmässig statt (www.klosterfischingen.ch).

85__Allerley

Vampirjagd, Highland Games und Ritterspiele

Sie lauern hinter dicken Baumstämmen im Wald, Blut klebt an ihren Lippen, die Augen leuchten gelb. Vampire! Im Licht des kalten Mondes schleichen die Vampirjäger näher, ausgerüstet mit Knoblauch, Kreuzen und Waffen. Heute Nacht wird es Krieg geben!

Nein, das ist keine Filmszene. Das ist Realität. Eine Realität, die in der Schweiz existiert. Sie nennt sich LARP, Live Action Role Play. Eine verschworene Gemeinschaft trifft sich zum vereinbarten Rollenspiel. Improvisationstheater ohne Publikum, so könnte man es nennen. Diesmal sind es Vampire, nächstes Mal werden Zombies gejagt oder Aliens, schwarze Ritter, Cyberpunks … Die Phantasie kennt hier keine Grenzen.

Damit solche Spiele auch möglichst realistisch wirken, darf die richtige Ausstattung nicht fehlen. Verkleidung und Accessoires sind ein Muss. Da liegt es nahe, im Allerley in Islikon vorbeizuschauen. Seit 2003 führt Sarah Ehling ihren Laden und Onlineshop. Hier gibt es alles, was man für das Live-Rollenspiel braucht: ein riesiges Sortiment an Mittelalter- und Fantasyartikeln wie Kleidung, Rüstungen, Waffen, Schmuck und Alltagsgegenstände steht zur Auswahl. Auch die Fasnächtler und Theaterfreunde finden hier, was das Herz begehrt. Beachtlich ist die Auswahl an Honigwein, dem Met. Über 20 Sorten stehen in den Regalen. Der Göttertrank wurde im Frühmittelalter als Opfergabe bei religiösen Festen und Zeremonien verwendet. Mit vergorenem Kirschsaft gemischt nannte man den Met auch Wikingerblut oder Odinsblut. Zudem mit scharfen Gewürzen versetzt, entstand daraus Drachenblut. Ein durch und durch mystisches Getränk also.

Regelmässig nimmt Sarah Ehling mit ihrem Allerley an Events teil. So ist sie mit ihrem Stand auf den meisten Mittelaltermärkten zu finden, bei den Seetaler Ritterspielen und den Highland Games in Fehraltorf. Ausserdem organisiert sie ihre eigene Pen&Paper Convention. Aber das ist eine andere Geschichte …

Adresse Hauptstrasse 38, 8546 Islikon, www.allerley.ch | **Anfahrt** A1, Ausfahrt Frauenfeld-West, über die Weststrasse auf die Hauptstrasse Richtung Winterthur fahren, das Geschäft befindet sich direkt an der Hauptstrasse in Islikon | **Tipp** Das Schloss Hegi in Winterthur bietet szenische Schlossführungen und Mittelalter-Geschichtsunterricht im Liveformat mit Laienschauspielern für Gruppen bis zu 30 Personen an. Man kann aber auch nur das Museum besuchen (Sa 14–17 Uhr, So 10–17 Uhr, www.schlosshegi.ch).

86__Das Fischattentat

Wenn Opfer zu Tätern werden

In Kreuzlingen, der Grenzstadt am Bodensee, dreht sich alles um Wasser und Schlösser. Ganze zehn Gebäude dürfen den Namen Schloss oder Burg tragen. Die einen sind heute Gaststätte oder Museum, die anderen in Privatbesitz.

Einzigartig ist in Kreuzlingen das Seemuseum. «Schiffe – Fische – Bodensee», so der Titel der Ausstellung, die seit über 20 Jahren in den historischen Räumlichkeiten des ehemaligen Kornhauses der Augustiner dem See und seiner Geschichte huldigt. Hier entdecken und erleben Sie alles rund um Schifffahrt, Fischerei und das Thema Wasser.

Der See hat viel zu erzählen, hat die Kelten, Römer und Alemannen genährt und mit seiner Lage an der Grenzstadt grosse Kriege an der Front miterlebt. Da erstaunt es nicht, dass Legenden und Geschichten die Zeit überdauert haben, so wie die Sage von einem Racheakt der Fische.

Vor langer Zeit hatte ein Fischer sein Haus direkt am Ufer des Untersees stehen. Täglich fuhr er mit seinem Boot hinaus, warf seine grossen Netze aus und fing alles, was er ins Boot ziehen konnte. Er nahm keine Rücksicht auf die Fische, weder auf ihre Schonzeit noch auf ihre Grösse. Selbst die kleinsten unter ihnen verkaufte er auf dem Markt. So kam es, dass der Fischer immer reicher wurde und die Zahl der Fische im Untersee immer kleiner. Da beschlossen sie, ihr Schicksal selbst in die Hand zu nehmen. Sie verschworen sich, um ein Attentat auf ihren Peiniger zu begehen. Die Fische begannen, die Erde unter dem Haus des Fischers vom Ufer her abzunagen. Immer weiter, immer tiefer untergruben sie das Grundstück. Die alten Fische machten es den jungen vor. Über Jahre und Fischgenerationen zog sich das Projekt hin. Doch eines Nachts, es war stürmisch und dunkel und der See unruhig, unterspülte das Wasser die Grundmauern des Hauses, und unter lautem Krachen und Donnern stürzte es mitsamt dem Fischer in den See. Man sagt, er sei nie aus der Tiefe aufgetaucht und den Fischen zum Opfer gefallen.

Adresse Seeweg 3, 8280 Kreuzlingen, www.seemuseum.ch | **Anfahrt** A 7, bis Autobahnende Ausfahrt Kreuzlingen, durch Kreuzlingen und weiter auf die Hafenstrasse fahren, dann links auf die Promenadenstrasse Richtung See und wieder links zum Seemuseum | **Öffnungszeiten** Okt.–Juni Mi, Sa, So 14–17 Uhr, Juli–Sept. Di–So 11–17 Uhr | **Tipp** Das Restaurant «Schloss Seeburg» liegt mitten im Seeburgpark, zu dem eine herrliche Gartenanlage und ein Tierpark gehören. Holen Sie sich im Restaurant einen Picknickkorb ab und geniessen Sie den Tag am Bodensee (www.schloss-seeburg.ch).

87 Die Teufelsbrücke

Hier wurde gekämpft, verhandelt und überlistet

Die Reuss ist bei Schöllenen ein wildes Ungetüm, das so manchen Säumer mit seinen Maultieren in ihren Massen verschlungen hat. Unberechenbar stürmt der Fluss bei Hochwasser durch die enge Schlucht und reisst alles mit sich. 1888 wurde die erste Brücke aus dem 13. Jahrhundert, über die auch General Suworow marschiert war, von der Reuss zerstört. Die zweite Teufelsbrücke kann man noch begehen, sie liegt etwas unterhalb der dritten Brücke, über die heute die Autos fahren.

Der Ort ist sagenumwoben und geschichtsträchtig. Das grosse Suworow-Denkmal bei der Brücke erinnert an den Kampf am 25. September 1799 zwischen Napoleons Truppen und denen des russischen Generals. Tatsächlich gehören das Denkmal und der Boden, auf dem es steht, den Russen.

Doch die Geschichte der Teufelsbrücke ist noch älter, und jedes Kind in der Schweiz hat sie schon einmal gehört. Weil an der Schöllenenschlucht immer wieder Menschen ums Leben kamen, rief der Landammann in Verzweiflung aus: «Da soll doch der Teufel eine Brücke über die Schlucht bauen!» Kaum hatte er die Worte ausgesprochen, stand der Teufel auch schon vor den Urnern. Gefällig grinsend sprach er von einem Pakt: «Ich werde euch die Brücke bauen, aber die erste Seele, welche die Brücke überschreitet, die gehört mir allein.» Die Urner gingen den Handel ein, und bald schon stand die Brücke. Doch wer sollte seine Seele dem Teufel opfern? Ein schlauer Bauer wusste die Antwort. Er trieb seinen Geissbock über die Brücke. Die Seele des armen Tieres war verloren, der Teufel aber tobte und warf in seiner Wut einen Felsblock auf die Brücke. Doch ein altes Weib hatte ein Kreuz daraufgekritzelt, und so verfehlte der Stein sein Ziel und landete bei Göschenen am Eingang der Schöllenenschlucht. Dort liegt der Teufelsstein noch heute. Die neue Brücke jedoch eröffnete den Urnern einen viel genutzten Handelsweg: den Gotthardpass.

Adresse Gotthardstrasse, 6490 Andermatt | **Anfahrt** A 2, Ausfahrt Göschenen, durch Göschenen die Passstrasse hoch Richtung Gotthardpass, die Teufelsbrücke liegt rund 4,5 Kilometer von der Autobahnausfahrt entfernt | **Tipp** Das Sasso San Gottardo auf dem Gotthardpass, ehemals eine streng geheime Militärfestung, dient heute als Museum für diverse Ausstellungen mit Gotthard-Bezug. Unbedingt anschauen: die legendären Riesenkristalle vom Planggenstock, eine Gruppe absolut transparenter, meterdicker Quarzkristalle, die stattliche 1,5 Tonnen wiegen (geöffnet Juni–Okt., www.sasso-sangottardo.ch).

88_Tell und die Liebe

Von Urner Helden- und Liebesäpfeln

Seit 1966 befindet sich im Wattigwilerturm in Bürglen das Tell-Museum. Die Sammlung umfasst Dokumente, Gegenstände und Bilder aus sechs Jahrhunderten Tell-Mythos. Unvergessen ist die Szene, in welcher der weltberühmte Freiheitskämpfer und Nationalheld Tell seinem Sohn Walter den Apfel vom Kopf schiesst. Der Apfelschuss ging in die Geschichte ein und verhalf dem Helden zu Ruhm. Das Denkmal in Altdorf zeigt Tell mit geblähter Brust, die Armbrust fast schon cool über der Schulter und den Sohn stolz an seiner Seite.

Leider gerät im Glanz der Tell-Sage eine weitere Apfel-Sage fast in Vergessenheit: die über den Liebeszauber. Diese ist wohl weniger heldenhaft als die Geschichte von Tell, dafür lässt sie einen schmunzeln, handelt sie doch von der grossen Liebe und ihren verrückten Taten.

Ein junger Bursche nahm regelmässig in einem Gasthaus in Bürglen an einer Stubete teil. Eines Abends lernte er dort ein hübsches Mädchen kennen. Als der Gastwirt die letzte Runde einläutete, schenkte das Mädchen dem Burschen zwei rosige Äpfel. «Du musst sie selber essen und darfst sie niemandem schenken», sagte sie mit verliebtem Blick. «Und komm mich jeden Abend in meiner Kammer besuchen.» Der Bursche war zuerst ganz angetan von der Schönen, doch schon nach der dritten Nacht verlor er das Interesse. Auf dem Heimweg warf er die Äpfel in einen Schweinetrog. Gierig verschlang das Schwein den Leckerbissen. Vom Liebeszauber der vergifteten Äpfel beflügelt, stürmte es sogleich vom Hof und rannte quiekend durch ganz Bürglen bis zum Haus des Mädchens. Nichts konnte das verliebte Schwein aufhalten, und so kletterte es sogar die Hauswand hoch bis zur Kammer der Unglücklichen.

Ein Apfel also bringt Wilhelm Tell ins Schwitzen und macht aus einem Schwein einen liebestollen Verehrer. Wer weiss, vielleicht lohnt sich der Ausflug nach Bürglen, um in einen herzhaften Urner Apfel zu beissen?

Adresse Postplatz, 6463 Bürglen, www.tellmuseum.ch | **Anfahrt** A 2/A 4, Ausfahrt Altdorf, auf der Hauptstrasse durch Altdorf fahren, beim Kreisverkehr zweite Ausfahrt nehmen und der Beschilderung Bürglen/Klausenpass bis Bürglen folgen, das Tell-Museum befindet sich in der grossen Linkskurve auf der linken Seite | **Öffnungszeiten** Mitte Mai–Mitte Okt. täglich geöffnet; Mai, Juni 10–11.30 und 13.30–17 Uhr, Juli, Aug. 10–17 Uhr, Sept., Okt. 10–11.30 und 13.30–17 Uhr | **Tipp** Im Naturschutzgebiet Reussdelta in Seedorf und Flüelen entspannen und auf einer der drei künstlich aufgeschütteten Lorelei-Inseln die Sonne anbeten. Dabei kommt fast Südseefeeling auf (www.reussdelta.ch).

89__Sennentuntschi

Eine gepeinigte Puppe wird zur Rächerin

Ein Besen, Stroh und alte Lumpen – oder Hudle, wie man in der Schweiz sagt –, mehr braucht es nicht, um sich seine Traumfrau zu basteln. So jedenfalls machen es drei einsame Sennen auf einer verlassenen Alp in den Urner Bergen, wünschen sie sich doch nur ein bisschen Liebe und Wärme in den kalten Nächten. Aber Achtung, rasch kann sich das missbrauchte Püppchen zur rachsüchtigen Furie wandeln! Klar doch hat der Teufel seine Hände mit im Spiel. Es wird unheimlich, blutig und tödlich. Dies jedenfalls ist die Geschichte vom «Sennentuntschi». Michael Steiners Gruselschocker kam 2010 in die Kinos und avancierte zu einem der erfolgreichsten Schweizer Filme aller Zeiten. Drehorte waren unter anderem das Schächental und dessen südliches Seitental, das wildromantische Brunnital. Das Dorf Unterschächen liegt ganz hinten im Schächental und ist das letzte Dorf vor dem Klausenpass. Im Sommer ist die Gegend beliebtes Wander- und Klettergebiet, im Winter Ausgangsort für Skitouren. Von Unterschächen führt ein etwa einstündiger Wanderweg zur Alp Äsch mit ihrem beeindruckenden 100 Meter hohen Stäuben-Wasserfall, eine der grössten Attraktionen im Kanton Uri.

Zurück zum Sennentuntschi. Die Sage ist wei tverbreitet, und es gibt Dutzende Geschichten über die Puppe, die von Sennen missbraucht wird, zum Leben erwacht und sich dann als Frau an ihnen rächt. Die Wandlung vom Opfer zum Täter ist wohl das Faszinierende an der Geschichte. Aus Schwäche wird Stärke und letztlich Böses.

Die Legende ist aber nicht nur Erzählung. Jedenfalls lässt dies das einzig tatsächlich existierende «Sennentuntschi» vermuten, das heute im Rätischen Museum in Chur ausgestellt ist. Es handelt sich um eine hölzerne Puppe, die auf einer Alp im Bündner Calancatal gefunden wurde. Ein offener Mund und entblösste Geschlechtsmerkmale machen deutlich – dies war keine Kinderpuppe. Sie wirkt unheimlich und löst ein kaltes Schaudern aus.

Adresse 6465 Unterschächen | Anfahrt A 2, Ausfahrt Altdorf, der Hauptstrasse Richtung Klausenpass folgen, nach Bürglen und Spiringen ist Unterschächen das hinterste Dorf im Schächental | Tipp Auf der Sonnenseite im Klausenpassgebiet führen vier Seilbahnen hoch zur Route des Schächentaler Höhenweges. Sommers wie winters ein tolles Wandergebiet. Die Aussicht von den Terrassen der Bergrestaurants ist grandios (www.schaechentaler-hoehenweg.ch).

90_Aventicum

Wo Gladiatoren kämpften und Helvetier jubelten

Die Menge jubelte im Takt der einmarschierenden Kämpfer, angeführt von der Stadtobrigkeit. Den Göttern wurde gehuldigt, die Klingen wurden gewetzt und Schlachtrufe geschrien. Der Lärm im Amphitheater muss überwältigend gewesen sein, als 16.000 Zuschauer tobten. Gladiatorenkämpfe, Jagdspiele und Akrobatenkunststücke wurden aufgeführt – und Hinrichtungen vollzogen.

753 vor Christus als kleine Siedlung gegründet, entwickelte sich Rom in 800 Jahren zur Weltmacht. 700 Jahre später gründeten die Römer am Murtensee Aventicum, das rasch zu einer blühenden Stadt mit über 60 Wohnquartieren, einem öffentlichen Platz, Badeanlagen, einem Theater, einem Amphitheater und mindestens acht Tempeln heranwuchs. Die Bevölkerung stammte wohl zum grössten Teil von den Helvetiern ab. Im Jahr 71/72 erhob Kaiser Vespasian Aventicum in den Rang einer Kolonie. Die Stadt war politisches, religiöses, wirtschaftliches und administratives Zentrum. In seiner Blütezeit lebten um die 20.000 Menschen in Aventicum. Heute hat Avenches nur noch rund 4.000 Einwohner. Der Untergang der Stadt begann mit dem Einfall der Alemannen im Jahr 275. Zwei Jahrhunderte später brach das gesamte Römische Reich zusammen. Das Mittelalter hielt Einzug. Im 11. Jahrhundert errichtete der Bischof von Lausanne im Amphitheater einen Wohnturm. Leider wurden viele römische Bauten damals abgetragen, die Steine als günstiges Baumaterial anderweitig verwertet. Aventicum geriet bis ins 16. Jahrhundert in Vergessenheit.

Heute sind die Ruinen restauriert. Der Wohnturm im Amphitheater dient seit 1838 als Römermuseum. Aventicum ist ein Stück Schweizer Vergangenheit. Wer weiss, vielleicht haben unsere direkten Vorfahren von einer der Sitzreihen aus den Spielen zugejubelt – oder gar in der Arena gekämpft? Noch heute kann man einen Hauch davon spüren, wenn im Amphitheater Rock- und Opernkonzerte aufgeführt werden und die Menge jubelt.

Adresse Avenue Jomini, 1580 Avenches | **Anfahrt** A 1, Ausfahrt Avenches, auf der Route d'Avenches Richtung Zentrum fahren, in der Altstadt parkieren und der Beschilderung zum Amphitheater folgen | **Tipp** Was wären die Römer ohne Pferde gewesen? Das Schweizer Nationalgestüt in Avenches kann kostenlos besichtigt werden. Ein Parcours mit Informationstafeln führt durch die Anlage. Für Gruppen ab zehn Personen werden nach Voranmeldung geführte Besichtigungen angeboten (täglich geöffnet, www.nationalgestuet.ch).

91_Chaplin's World

Charlie Chaplins letzter Streich am Genfersee

Der 1889 geborene Brite Sir Charles Spencer Chaplin war der wohl einflussreichste Komiker des 20. Jahrhunderts. Sein Werdegang begann ganz unten. Chaplin wuchs mit seiner Mutter und seinem älteren Halbbruder in den Armenhäusern Londons auf. Als seine Mutter in eine Irrenanstalt eingeliefert wurde, kamen die Kinder in ein Waisenhaus. Chaplin lebte meist auf der Strasse, studierte mit kindlicher Neugier die Menschen der sozialen Unterschichten.

Dann aber gelang ihm der Sprung vom Laufburschen auf die Londoner Bühnen. Bei einer Tournee durch die USA wurde die Filmindustrie auf ihn aufmerksam. Seine Rolle als Tramp, mit Melone und Zweifingerschnurrbart, machte ihn legendär. Filme wie «The Kid» (1921) und «Der grosse Diktator» (1940) besitzen noch heute Kultstatus.

1952 zog Chaplin mit seiner Familie in die Schweiz, auf das Anwesen Manoir de Ban am Genfersee bei Grévin, das heute das Museum «Chaplin's World» beherbergt. Im Manoir gewinnt man Einblicke in sein Privatleben, im Hollywood-Studio bestaunt man seine Filmkulissen, und im herrlichen Park schwelgt man in Erinnerungen an diesen unvergesslichen Menschen und Künstler. Auch ein Shop sowie ein Café heissen die Besucher willkommen.

1977, im Alter von 88 Jahren, starb der Komiker. Aber damit war seine Parodie auf das Leben noch nicht zu Ende erzählt. Im März 1978 wurde sein Leichnam vom Friedhof gestohlen. 600.000 Franken Lösegeld wollten die Entführer. Die Geldübergabe hätte aus einem Chaplin-Film stammen können. Der im Rolls-Royce der Familie versteckte Polizist wurde reisekrank und übergab sich. Ein Postbeamter hörte den Funkverkehr ab und hängte sich an den Rolls an. Passanten glaubten an einen Banküberfall und stellten den Postbeamten. Und die örtliche Polizei hatte keine Ahnung von einer Leichenentführung. Jedenfalls wurde Chaplin befreit und erneut beigesetzt. Heute ist sein Grab zubetoniert – nur zur Sicherheit. Bei Charlie weiss man nie.

Adresse Chaplin's World, Route de Fenil 2, 1804 Corsier-sur-Vevey, www.chaplinsworld.com | **Anfahrt** A 9, Ausfahrt Vevey, auf der Route du Rio Gredon nach Corsier-sur-Vevey, im Kreisverkehr erste Ausfahrt und dann gleich rechts auf die Route de Fenil fahren | **Öffnungszeiten** täglich 10–18 Uhr | **Tipp** 1902 eröffnet, war das «Caux-Palace» damals das grösste und luxuriöseste Hotel der Schweiz, mit traumhafter Aussicht auf den Genfersee. Heute gehört es einer Stiftung und ist ein internationales Konferenzzentrum. Ein kleines Museum erzählt die Geschichte des Prunkstücks (Rue de Panorama, 1824 Caux, www.musee-cauxexpo.ch).

92 Der Ritter von La Sarraz

Ein schleimiges Schandmal und zu späte Reue

Der junge Ritter von La Sarraz verliebte sich in die schöne Tochter eines Grafen. Dieser wollte ihm die Tochter im Tausch für eine Burg und 300 Kühe zur Frau geben. Frau gegen Vieh gab es demnach nicht nur im Orient.

Nun denn, die Liebe stand über allem, und so bat der Ritter seine betagten Eltern um Burg und Kühe. Diese überliessen dem geliebten Sohn ihr letztes Hab und Gut. Ein rauschendes Hochzeitsfest wurde gefeiert. Doch um gleich die Romantik zu dämpfen – die schöne Braut war ein garstiges Biest. Sie malträtierte bald ihre Schwiegereltern und drängte den Ritter, er möge seine eigenen Eltern im kalten Winter vor die Tür setzen.

Eines Abends sprangen plötzlich zwei schleimige Kröten aus einer Pastete und krallten sich an den Wangen des Ritters fest. Weder seine Frau noch die Bediensteten konnten sie wegzerren. Da begriff der Ritter, dass die Kröten als Schandmal von Gott gesandt waren, als Strafe für den Verstoss seiner armen Eltern. Der Ritter suchte beim Kaplan um Vergebung, der ihn an den Bischof verwies, der ihn wiederum an den Papst verwies. «Nur die Vergebung der eigenen Eltern kann dich von den Kröten befreien», sprach der Papst. So machte sich der Ritter auf die Suche. Er fand seine alten Eltern in einer kleinen Hütte im Wald, längst schon erfroren und verhungert. Auf Knien und unter Tränen bat er um Vergebung. Da wanderten die Kröten von seinen Wangen auf seinen Rücken, wo sie für den Rest seines Lebens sitzen blieben. Denn tote Eltern können eine Schuld nicht vollkommen vergeben.

Kurze Zeit danach starb sein Weib an einem Schlangenbiss. Jahre später wurde der Ritter von seinem habgierigen Sohn erstochen, worauf dieser einem Bären zum Opfer fiel. Das unglückselige Geschlecht der La Sarraz war ausgestorben. Historisch belegt ist, dass der Mannesstamm der Familie Gradson-La Sarra 1269 ausstarb. Das Château de la Sarraz ist heute ein Museum.

Adresse Le Château 1, 1315 La Sarraz | Anfahrt A 9, Ausfahrt La Sarraz, das Château befindet sich im Zentrum des Dorfes | Tipp La Tine de Conflens im Tal der Venoge – diese paradiesischen Wasserfälle kann man auf einer kurzen Wanderung zwischen La Sarraz und Ferreyres bestaunen.

93_Vergletscherung der Alpen

... oder: der Tod im Milchsee

Es gibt unzählige Sagen über das Goldene Zeitalter der Alpen und darüber, wie Habgier, Hass und Verrat zur Verwilderung und Vereisung der Berge geführt haben. Der Zorn des Himmels, so sagt man, hat das ewige Eis über die grünen Alpenteppiche, bunten Blumenfelder und das gesunde Vieh gebracht. So erzählen die Hirten aus dem Gebiet von Ormont-Dessus noch heute eine Geschichte darüber, wie die Menschen vor der Vergletscherung gelebt haben – und gestorben sind.

Damals waren die Kühe so gross wie Häuser, und sie gaben so viel Milch, dass man sie in Teiche melken musste, da kein Kessel die Mengen aufnehmen konnte. Mit einem Boot ruderte man auf den Milchsee, um den Rahm abzuschöpfen. Als an einem Morgen ein junger Bursche mit seinem Boot hinausfuhr, kam plötzlich ein starker Wind auf. Die Milch schäumte und sprudelte, und der Bursche ging über Bord. Er konnte nicht schwimmen und musste kläglich ertrinken. Lange suchten die Dorfbewohner nach ihm, sie fanden seine Leiche nicht und trauerten um seine arme Seele. Einige Tage später, als man den Milchsee buttern wollte, fand man in dem aufschwellenden Rahm des Butterfasses, das so hoch war wie ein Turm, die Leiche des Burschen. Er wurde in einer riesigen Höhle beigesetzt, in der die Bienen Honigwaben so gross wie Stadttore lagerten.

Heute trifft man in Les Diablerets keine Riesenkühe, Milchseen oder Honigwabentore mehr an. Vielleicht sind auch die Teufel schuld, die aus den Löchern des Gletscherplateaus Les Diablerets schlüpfen und mit Steinen nach dem Kegel auf der Bergspitze werfen.

Das gleichnamige Bergdorf auf 1.200 Metern Höhe ist im Sommer wie im Winter ein Magnet für Touristen, welche die klare Bergluft und die vereiste Natur des Bergmassivs geniessen möchten. Die berühmte schwarze Skipiste Combe d'Audon, ein Snow Park und der Alpine Coaster, die höchste Sommerrodelbahn Europas, locken Abenteurer in die Region.

Adresse 1865 Les Diablerets | **Anfahrt** A 9, Ausfahrt Aigle, weiter auf der Hauptstrasse Richtung Ormont-Dessus, nach dem Dorf Le Sépey rechts nach Les Diablerets abbiegen | **Tipp** Der «Peak Walk by Tissot» auf dem Glacier 3000 ist die einzige Hängebrücke, die in 3.000 Metern Höhe zwei Gipfel miteinander verbindet. Wer sich daraufwagt, wird mit einer traumhaften Aussicht auf den Gletscher und das Matterhorn, den Mont Blanc und die Jungfrau belohnt (www.glacier3000.ch).

94 Das Inselfräulein

Traurige grüne Augen bringen den Tod

Fenetta ist ein Geist, ein Ungeheuer, ein trauriges Wesen – niemand weiss wirklich, wer oder was sie ist. Aber man hört sie leiden, seufzen und schreien. Fenetta versteckt sich im Naturreservat Les Grangettes, dem letzten geschützten Uferstreifen des Genfersees, im Rhonedelta zwischen Noville und Villeneuve. Die urtümliche Schönheit dieses Feuchtgebiets lässt rasch die Gefahr vergessen, die von Fenetta ausgeht. Denn wer sie zu sehen bekommt, der muss noch im gleichen Jahr sterben, so heisst es. Dabei ist Fenetta doch ein so niedliches kleines Wesen mit schmalem Gesicht, grünen Augen und grünem Haar. Allerdings sind ihre Beschreibungen alt, denn kein heute lebender Noviller hat sie je zu Gesicht bekommen.

Vor vielen Jahren lebte ein schönes Mädchen in Noville. Sie war sehr verliebt in einen hübschen Burschen aus dem Dorf. Aber das Mädchen war launisch, eitel und übermütig. So trug sie eines Tages ihrem Liebsten auf, ihr vom Feuchtgebiet Wasserlilien zu holen. Der gute Bursche hörte nicht auf die Warnungen und rannte freudig in das Sumpfdickicht der Rhone-Inseln hinaus. Am Ufer kniete er sich hin und pflückte Seerosen. Da plötzlich ertönte ein schrecklicher Schrei, und Fenetta tauchte aus dem dunklen Wasser auf, ihre grünen Augen starrten den Burschen schmerzerfüllt an. In Panik rannte er zurück ins Dorf. Noch bevor er das Haus seiner Liebsten erreicht hatte, brach er sterbend zusammen. Seine letzten Worte waren: «Fenetta! Fenetta!» Genau ein Jahr später starb auch das Mädchen vor Kummer.

Bei Noville gibt es eine weitere Insel, die Berühmtheit erlangt hat. Sie ist etwa 20 mal 20 Meter gross, und auf ihr wächst lediglich eine Platane. Vom Ufer sieht man einfach einen Baum im See stehen. Lord Byron erwähnte die Île de Peilz in seinem Gedicht «The Prisoner of Chillon»: «A small green isle, it seem'd no more, scarce broader than my dungeon floor.»

Adresse Route des Grangettes, 1845 Noville | **Anfahrt** A 9, Ausfahrt Villeneuve, beim zweiten Kreisverkehr dritte Ausfahrt auf die Route d'Evian nach Noville, am Dorfeingang rechts auf den Chemin du Battoir biegen und dann weiter auf der Route des Grangettes fahren (beim Campingplatz parkieren und das Reservat zu Fuss erkunden) | **Tipp** Das über 1.000 Jahre alte Schloss Chillon in Montreux ist ein wahres Schmuckstück und steht direkt am See mit Blick auf eine herrliche Bergkulisse. Ausstellungen und Veranstaltungen im Schloss machen den Besuch zum Erlebnis (täglich geöffnet, www.chillon.ch).

95_Die Grotte von Vallorbe

Der Schatz der wütenden Fee

Vor 150 Millionen Jahren bedeckte ein Urmeer die Schweiz. Tropische kleine Inseln ragten aus dem tiefblauen Wasser, und die Dinosaurier konnten herrliche Sonnenuntergänge betrachten. Vor sieben Millionen Jahren hat sich das Meer dann zurückgezogen und Unmengen an Gesteinsschichten und Ablagerungen zurückgelassen. Dann prallten die Afrikanische und die Europäische Platte gegeneinander. Die Katastrophe von biblischem Ausmass hob die Alpen und den Jura empor. Eine Katastrophe, durch die ein Wunder entstehen konnte: die Grotte von Vallorbe.

Die unterirdische Quelle der Orbe hat sich über Jahrmillionen rund drei Kilometer weit ins Gestein gefressen und eine Höhle geschaffen, die mystischer und schöner nicht sein könnte. Galerien und Versteinerungen mit wundersamen Namen wie Strudelloch-Siphon, Galerie der Halbertränkten, Nadelsaal, Schafsee und Steinerner Büffel gibt es zu entdecken. Eine 600 Meter lange Fossilgalerie ist Überbleibsel der Urzeit.

Ausserdem beherbergt die Höhle den Schatz der Feen, eine Sammlung aus 250 Kristallen und Mineralien, die glitzern, schimmern und das Auge verzaubern. Eine Sage erzählt von den wunderschönen Feen von Vallorbe. Ein junger Arbeiter namens Donat machte sich auf, sie zu finden. Tatsächlich begegnete ihm eine Fee in der Grotte. Sie mochte ihn und wollte ihn glücklich machen, daher schenkte sie ihm eine Perle und ein Goldstück. Aber es gab eine Bedingung: Er durfte nie ihre private Höhle besuchen, wenn sie schlief. Doch Donat, ein neugieriger Bursche, hielt sich nicht lange an sein Versprechen und überraschte sie im Schlaf. Entsetzt starrte er auf ihre Füsse. Es waren die Füsse einer Krähe! Wütend warf die Fee ihn aus der Höhle. Donat erzählte im Dorf herum, was er gesehen hatte, und zeigte als Beweis Perle und Münze. Die jedoch verwandelten sich in welke Herbstblätter. Donat wurde ausgelacht und verliess Vallorbe.

Adresse Chemin de la Résurgence 1, 1337 Vallorbe, www.grottesdevallorbe.ch | **Anfahrt** A 9 bis Autobahnende Ballaigues, weiter geradeaus auf der Hauptstrasse bis zum grossen Kreisverkehr nahe Frankreich, zweite Ausfahrt nach Vallorbe nehmen, den braunen Wegweisern «Grottes» folgen | **Öffnungszeiten** März–Nov. täglich geöffnet | **Tipp** In den Gebäuden des heutigen Eisen- und Eisenbahnmuseums an der Rue des Grandes Forges 11 in Vallorbe wurde schon seit 1495 Eisen verarbeitet (www.museedufer.ch).

96__Die Menhire von Clendy

Erbaut, versunken, vergessen, wiederauferstanden

In der Jungsteinzeit ändern die Menschen ihre Lebensweise. Die Jäger und Sammler werden sesshaft. Sie bauen Dörfer, fertigen Keramik an und sind kurz davor, die Bronze zu entdecken. Das späte Neolithikum ist die Zeit der Megalithkultur. Die Menschen errichten heilige Stätten und entwickeln Begräbnisriten. Steinblöcke werden behauen und aufgerichtet, in Gruppen oder Kreisen angeordnet oder zu regelrechten Steinalleen in Reih und Glied gestellt. Ausser in Australien und der Antarktis sind Menhire auf der ganzen Welt zu finden. Bekannt sind die Steine auf den Osterinseln, Stonehenge in England und Carnac in der Bretagne mit seinen über 3.000 Menhiren. Ihre genaue Bedeutung ist nicht restlos geklärt. Neben astronomischen Zwecken dienten sie wohl religiösen und kultischen Riten und waren das Tor zu einer mystischen Welt.

Die 45 Menhire von Clendy entstanden vor etwa 6.000 Jahren. Die Steine sind Findlinge, die der Rhonegletscher an den Neuenburgersee getragen hat. Die kleineren Menhire sind kaum einen halben Meter hoch, der grösste misst 4,5 Meter und wiegt fünf Tonnen. Dass sie hier stehen, grenzt an ein Wunder, wenn man bedenkt, wie die Menschen von damals solche Kolosse aufgestellt haben. Der Grand Menhir ausserhalb von Carnac hatte eine Höhe von 18,5 Metern! Heute liegt er am Boden.

Die Kultstätte in Clendy blickt auf eine bewegte Geschichte zurück. Als um 4000 vor Christus die Menhire aufgestellt wurden, standen sie auf bewaldetem Boden. Sie sind in zwei Reihen und vier kleineren Gruppen angeordnet. Um 850 vor Christus veränderte sich das Landschaftsbild. Der Neuenburgersee drang vor. Das Wasser und die Bodenerosion stürzten die Steine um, und sie versanken im See. Als zwischen 1869 und 1883 der Seespiegel sich um fast drei Meter senkte, kamen die Menhire wieder zum Vorschein. 1986 wurden sie erneut aufgestellt und erleben seither eine Renaissance an kultureller Bedeutung.

Adresse Menhirs Clendy, 1400 Yverdon-les-Bains | **Anfahrt** A 1, Ausfahrt Yverdon-Sud, Richtung Zentrum fahren, beim sechsten Kreisverkehr rechts auf die Avenue des 4 Marronniers, dann rechts auf die Rue de Clendy und im Kreisverkehr links auf die Avenue des Sports, rechts auf die Seestrasse Richtung Yvonand fahren, gleich rechts am Strassenrand parkieren, gegenüber führt der Pfad zu den Menhiren | **Tipp** In Yverdon-les-Bains kann man nicht nur das Schloss Grandson besichtigen, sondern auch eine kulinarische Reise in die Vergangenheit unternehmen. Ein Mittelalter-Menü steht auf der Karte des «Café du Commerce», ein Mittelalter-Dinner wird stilecht im «L'Arboulastre» (www.larboulastre.ch) serviert.

97 Das Kätzlein

Der Schwarze Tod auf samtenen Pfoten

Ernen liegt im Bezirk Goms, auf der linken Seite des oberen Rhonetals. Früher war das Dorf ein wichtiger Umschlagplatz, kamen hier doch die Passstrassen Grimsel, Furka, Albrun und Gries zusammen. Seit dem Bau der heutigen Strassen ist es ruhiger in der Gemeinde. Sie fand Zeit, sich der Kunst zu widmen. Inzwischen trägt Ernen die Bezeichnung «Musikdorf». In der alten Barockkirche findet alljährlich ein hochrangiges Festival klassischer Musik statt. Der Dorfkern von Ernen ist alt, mit historischen Gebäuden aus dem 16. Jahrhundert. Das Tellenhaus ist stolz auf seine Fresken des Apfelschusses. Es soll die älteste existierende Darstellung des Schweizer Nationalhelden sein.

Aber die Geschichte von Ernen führt uns noch weiter zurück in die Vergangenheit. In eine Zeit, da der Schwarze Tod die Walliser Berge eroberte. Niemand blieb verschont, ganze Familien löschte die Pest aus. Der Landeshauptmann Michel Tschampen geriet in Panik. Er floh aus Ernen und versteckte sich in einer verlassenen Hütte in einem abgelegenen Tal. Hier wollte er ausharren, bis die Pest vorüber war.

In Ernen starben immer mehr Menschen. Der Schwarze Tod flüsterte den Ratsmitgliedern ins Ohr, dass er erst gehen werde, wenn der flüchtige Tschampen wieder zurück im Dorf sei. Doch sosehr die Erner auch nach ihm suchten, sie fanden ihn nicht. Tschampen wähnte sich sicher in seinem Unterschlupf und lag entspannt im Heu, als plötzlich ein Kätzlein an die Fensterscheibe kratzte. Froh über etwas Gesellschaft, liess er das Tier herein. Sogleich kletterte es auf seine Schulter und schnurrte an seiner Wange. Da hörte Tschampen eine Stimme: «Jetzt ist es Zeit.» Flugs sprang das Kätzlein durchs Fenster nach draussen und verschwand. Da wusste er, dass der Schwarze Tod ihn besucht hatte. Krank schleppte Tschampen sich ins Dorf zurück, wo er verstarb. In jener Nacht verschwand der Schwarze Tod für immer aus Ernen.

Adresse Dorfplatz, 3995 Ernen | **Anfahrt** A 9 bis Brig, dann auf der Furkastrasse weiter Richtung Furkapass, nach rund 15 Kilometern rechts die Abzweigung nach Ernen nehmen | **Tipp** 1850 in Niederwald als jüngstes Kind einer 13-köpfigen Bauernfamilie geboren, arbeitete sich Cäsar Ritz zum Hotelier hoch und eröffnete 1898 sein erstes Luxushotel in Paris. Zur letzten Ruhe kehrte er nach Niederwald zurück, wo heute auf dem Dorfplatz der Cäsar-Ritz-Brunnen steht.

98_Der Kornsack

Niemals den leichten Schlaf der Toten stören

Fährt man hoch in die Berge, tief hinein ins Val d'Anniviers, so glaubt man schon, sich am Ende der Welt verloren zu haben. Doch plötzlich taucht oberhalb Grimentz auf. Ein Dorf wie aus einem Märchen-Bilderbuch. Dunkle Holzhäuser, im Sommer mit roten Geranien geschmückt, im Winter mit weissen Schneekappen bedeckt, reihen sich die engen, autofreien Gassen entlang. Grimentz ist ein beschaulicher Ferienort auf 1.564 Meter Höhe, der sich trotz Hotels, Ferienwohnungen und moderner Infrastruktur seinen historischen Charme bewahrt hat.

Natürlich werden in solch uralten, isolierten Dörfern auch gerne Geschichten erzählt. Wie die des Grimentzers, der mit seinem Maultier den schmalen Saumpfad hinunter ins Nachbardorf Saint-Jean marschierte, um einen Sack Korn zu holen. Dummerweise begegnete er auf dem Heimweg einem Dörfler, und rasch sassen sie zusammen bei Wein und Käse und plauderten bis in die Nacht hinein. Als der Grimentzer sich im Dunkeln aufmachte, klammerte er sich am Schweif seines Mulis fest und torkelte singend und johlend hinter ihm her. Ausgerechnet an einer Stelle, wo der Saumpfad durch steiles Gelände verlief, plumpste der schwere Kornsack zu Boden. Wie sollte er das Ding bloss wieder auf den Rücken des Tieres hieven? Plötzlich tauchte ein Mann aus dem Dunkeln auf, hob den Sack, als wäre er mit Federn gefüllt, und schnallte ihn auf dem Muli fest. Der Grimentzer wollte sich gerade bedanken, als er in das Gesicht des Mannes blickte. Es war ein Toter mit leeren Augenhöhlen und Knochen, die im Mondlicht schimmerten. Dem Grimentzer verschlug es vor Angst die Sprache. Der Tote aber sagte: «Diesmal habe ich dir geholfen. Aber wage es nicht noch einmal, mit deinem grässlichen Jauchzen und Johlen die Ruhe der Toten zu stören!» Dies war dem Grimentzer eine Lehre, und von nun an marschierte er tags nach Hause, leise und still, um die Verstorbenen nicht aus ihrem leichten Schlaf zu wecken.

Adresse Rue du Village, 3961 Grimentz | **Anfahrt** A 9, Ausfahrt Sierre-Est, beim Kreisverkehr Richtung Val d'Anniviers, 20 Kilometer das Tal hochfahren bis Grimentz | **Tipp** Roggenbrot nach alter Tradition backen und lokale Spezialitäten degustieren – das kann man im Backhaus unterhalb des Sägewerks. Im Sommer jeweils freitags um 15 Uhr ohne Voranmeldung, im Winter am Donnerstag um 18.30 Uhr nach Voranmeldung im Verkehrsbüro Grimentz.

99__Die Bhutanbrücke

Zwei Monster und eine Brücke im Pfynwald

Der Illgraben ist ein Monster. Bei strahlendem Wetter blendet der fast weisse, kalksteinhaltige Grund des Wildbachs die Augen. Keine Spur von Wasser. Nur eine breite Schneise, die sich vom Gipfel des Illhorns hinunter durch den geheimnisvollen Pfynwald bis ins Tal zieht. An diesen Tagen kann man die zerstörerische Kraft nur erahnen, die sich entfaltet, wenn Wassermassen, ausgelöst durch Regen, Gewitter und Schneeschmelze, vom Berg ins Tal donnern. Murgänge führen Wasser, Geröll, Schutt und ganze Felsbrocken mit sich, lassen den Illgraben zu einer lebensbedrohlichen Zone werden, ein Spektakel mit Blockbuster-Katastrophenfilm-Effekt.

Über dieses meist schlafende Monster erstreckt sich die Bhutanbrücke als Zeichen des Friedens und der Verbundenheit. Mit Hilfe von Ingenieuren aus dem Himalaya-Staat erbaut, wurde die 134 Meter lange Hängebrücke 2005 eröffnet. Bunte Gebetsfahnen flattern an den Seilen, und beim Begehen schaukelt die Konstruktion sanft hin und her. Die Überquerung wird zu einem fast meditativen Spaziergang. Diese Brücke verbindet Länder und Kulturen, sie verbindet die rechte und linke Seite des Pfynwaldes und das deutschsprachige Oberwallis mit dem französischsprachigen Unterwallis. Denn das Monster Illgraben bildet im Wallis auch die Sprachgrenze.

Über diesen Pfynwald aber, einen der letzten grossen Föhrenwälder Europas, der heute unter Naturschutz steht, spuken seit jeher Geschichten über Böses und Unheimliches in den Köpfen der Walliser. Der Pfynwald war gefürchtet, weil er Räubern Schutz bot und ein Monster darin lebte – und es vielleicht noch immer tut. Im Sommer 1946 erlagen in der Region Dutzende von Schafen, Ziegen und Schweinen den Angriffen des Raubtiers. Bald sprachen die Zeitungen nur noch vom Monster vom Pfynwald. Es wurde viel spekuliert: ein Wolf, ein Luchs, gar ein tibetanischer Tiger sollte es sein oder eine blutrünstige Pantherfamilie. Die Hetzjagd auf das Monster war eröffnet – und endete 1947 mit dem Schuss auf einen Wolf.

Adresse Waldstrasse, 3953 Leuk | **Anfahrt** A 9, Autobahnende Sierre-Est, weiter auf der Pfynstrasse nach Leuk, kurz vor dem Zentrum rechts auf die Waldstrasse, den Schildern zur Bhutanbrücke folgen (Parkmöglichkeiten beim Campingplatz und am Ende der Strasse) | **Tipp** Der unterirdische See von Saint-Léonard ist der grösste seiner Art in Europa – und er ist atemberaubend schön (täglich geöffnet Mitte März–Nov., www.lac-souterrain.com).

100_Das Beinhaus

30.000 Schädel erinnern an die Vergänglichkeit

Wir fahren ins Wallis, um Sonne zu tanken, Ski zu fahren, zu wandern oder einfach ein gutes Glas Walliser Wein in einer Gartenwirtschaft zu trinken und dabei das Leben in vollen Zügen zu geniessen. Wer will sich da schon mit dem Tod auseinandersetzen?

In Naters geht das auf faszinierende Weise, Gruselfaktor und Ehrfurcht vor dem Leben inklusive. Dort steht gleich neben der Kirche im Dorfkern das Beinhaus. 30.000 Schädel und Oberschenkelknochen liegen aufgeschichtet zu einer Wand von über neun Meter Länge, über drei Meter Höhe und fast drei Meter Tiefe. An der Front sollen 1.857 Schädel zu sehen sein. 1540 baute man das Beinhaus und begann, die exhumierten Knochen aus den alten Gräbern des Friedhofs dort zu lagern. Ein Altar und ein Christuskreuz stehen vor der Schädelwand. Darüber steht auf einem mächtigen Balken geschrieben: «Was ihr seid, das waren wir; was wir sind, das werdet ihr.»

Eindrücklich wird einem bewusst, wie vergänglich das Leben doch ist. In Naters steht die Geschichte nicht einfach in Büchern geschrieben, sie wird gleichsam fassbar. Und das nahmen einige Besucher wörtlich.

Die Schädel waren beliebtes Diebesgut. Die Wand musste mehrmals wieder aufgebaut werden. Heute kann man die Gebeine nur noch durch ein Gitter betrachten. Denn, so eine Sage, es kann durchaus gefährlich sein, einen Knochen heimlich als Souvenir mitgehen zu lassen. Ein Student soll einmal als Mutprobe um Mitternacht einen Schädel aus der Wand gezogen haben, den er seinen Kollegen als Beweis mitbringen wollte. Doch plötzlich sprach der Schädel zu dem Studenten: «Sei froh, dass du einen Verwandten gewählt hast. Dennoch sollst du für deine respektlose Tat den Toten gegenüber büssen.» In Panik liess der Student den Schädel fallen. Nur Tage später entzündete sich seine Hand, die nach dem Schädel gegriffen hatte. Die Infektion breitete sich aus, und der arme Kerl verlor seinen Arm.

Adresse Beinhausweg, 3904 Naters | **Anfahrt** A 9, Ausfahrt Brig Zentrum, auf der Neuen Simplonstrasse nach Brig, dann auf der Furkastrasse vorbei am Bahnhof Brig fahren, beim Kreisverkehr dritte Ausfahrt nach Naters nehmen, der Bahnhofstrasse und dann der Belalpstrasse ins Zentrum von Naters folgen, links auf die Kirchstrasse einbiegen (Parkplätze vorhanden) | **Tipp** In der ehemaligen Artillerie-Festung von Naters befindet sich seit 2006 das Museum der Päpstlichen Schweizergarde (geöffnet Juni–Okt. Sa 14–18 Uhr, Gruppen ganzjährig nach Voranmeldung, www.zentrumgarde.ch).

101 Die Sankt-Jodern-Glocke

Wie der Bischof ein Papstattentat verhinderte

Wenn man sich irgendwo in der Schweiz ins Mittelalter zurückversetzt fühlen will, dann gelingt das in Sion. Auf zwei mächtigen Felsen stehen die Wallfahrtskirche Notre-Dame de Valère und die Ruine von Schloss Tourbillon und wachen über die Stadt. Tourbillon wurde im 13. Jahrhundert erbaut und diente auch als Bischofssitz. Kriege und Feuer setzten der Burg zu und liessen sie zur Ruine verfallen. Der Aufstieg von der Altstadt her zur Burg lohnt die Mühe. Die Aussicht über Sion und das Unterwallis ist grandios. Zudem besitzt der Hügel von Tourbillon seine eigene Magie, lebten doch schon 5.000 Jahre vor Christus die ersten Menschen hier, wie Grabungen belegen.

In der Altstadt von Sion steht die Statue des heiligen Theodul. Er wird in der Sage um die Sankt-Jodern-Glocke erwähnt. Vor Pest, Fieber und vor allem vor schrecklichen Unwettern sollte die Glocke schützen, die vergraben im Boden zu läuten vermochte und auf die Rufe «Dona! Dona! Lit!» auferstand. Diese Legende, in vielen Fassungen vorhanden, erzählt, wie Theodul, damals der Bischof von Sion, den Papst in Rom vor einer Gefahr warnen wollte. Aus diesem Grund ging er einen Pakt mit dem Teufel ein: Er solle ihn vor dem Morgengebet nach Rom und wieder zurück bringen, dafür überlasse er dem Teufel seine Seele. Geschwind waren sie in Rom, und als Dank für die Warnung schenkte der Papst dem Bischof eine Glocke. Doch mit der zusätzlichen schweren Last beladen, schaffte es der Teufel nicht mehr vor dem Morgengebet zurück nach Sion. Theodul behielt seine Seele, und die Glocke bewahrte die Walliser von nun an vor Unglück. Doch nach und nach zerfiel sie in Stücke, die als Heiligtümer in die Welt hinausgetragen wurden und ihr Ende eingeschmolzen in neuen Glocken fanden. Denn wie beschreibt Theodor Vernaleken die Glocke 1858 in seinem Buch «Alpensagen»: «mit irem ton so rych, uff erd ist nit ir gelych.»

Adresse Château de Tourbillon, 1950 Sion | **Anfahrt** A 9, Ausfahrt Sion-Est, ins Zentrum fahren und parkieren (von der Altstadt aus ist der Aufstieg gut beschildert und die Ruine Tourbillon nicht zu übersehen) | **Tipp** Im «Barryland» in Martigny kann man die berühmten Bernhardinerhunde nicht nur hautnah erleben, sondern im Museum auch alles über ihre Geschichte erfahren (täglich geöffnet 10–18 Uhr, www.fondation-barry.ch).

102 Des Teufels Reittier

99 Friedhöfe zur Erlösung der verlorenen Tochter

Von Visperterminen führt der Kapellenweg vorbei an zehn Rosenkranzkapellen bis hoch zur Waldkapelle. In diesem alten, von Erdbeben geplagten Gotteshaus steht eine Orgel aus dem 16. Jahrhundert, und an der Seite an einem Balken aufgehängt finden sich unter anderem ein Hufeisen und ein Mädchenzopf, die Überbleibsel einer alten Sage.

Oberhalb der Waldkapelle soll es ein Dorf gegeben haben. Eines Tages sei ein fremder Reiter angaloppiert gekommen. Er verlangte vom Hufschmied Ruspeck neue Beschläge für sein Pferd und wollte in der Zwischenzeit im Dorf seinen Geschäften nachgehen. Als Ruspeck die Eisen anpasste, hörte er das Pferd jammern: «Ich bin deine Tochter, die du vor langer Zeit verflucht hast. Jetzt muss ich mein klägliches Leben als des Teufels Reittier dienen.» Ruspeck, der seinen Fehler schon lange bedauerte, wollte der Tochter helfen. «Schnell, passe mir die Eisen an», sagte sie, «dann binde mich los. Der Fluch kann nur gebrochen werden, wenn ich über 99 Friedhöfe galoppiere, ehe der Teufel mich wieder einfängt.» Schnell verrichtete der Schmied seine Arbeit und liess das Pferd frei. Als der Teufel kurze Zeit später zurückkam, tobte er, aber Ruspeck sagte, ihm sei nur aufgetragen worden, das Pferd zu beschlagen, nicht, es zu hüten. Zornig rannte der Teufel seinem Reittier hinterher. Der Schmied aber ging heim und betete für die Erlösung seiner Tochter.

Diese hatte bereits 98 Friedhöfe übersprungen, als der Teufel sie beim letzten einholte und das Pferd am Schweif packte. Das Tier setzte zu einem letzten verzweifelten Sprung an und entkam dem Teufel, der ihm dabei aber den Schweif ausriss. Tobend und wütend, dass das Pferd ihm entkommen war und sich wieder in Menschengestalt verwandelte, warf der Teufel ein Hufeisen und den ausgerissenen Zopf zu Boden, denn nur das war ihm von seinem Tier geblieben. Die Tochter kehrte heim, Eisen und Zopf in den Händen.

Adresse Kapellenweg, 3932 Visperterminen | **Anfahrt** A 9, ab Autobahnende weiter auf der Kantonsstrasse bis Visp, beim Kreisverkehr auf die Terbinerstrasse und rund 10 Kilometer das Tal hoch nach Visperterminen fahren, im Dorf parkieren und über den Kapellenweg zur Waldkapelle gehen (Dauer: 45 Minuten) | **Tipp** Auf 1.150 Metern liegt im Heidadorf Visperterminen der höchste Weinberg Europas. Auf dem Reblehrpfad zwischen Visp und Visperterminen kann man eine schöne Wanderung unternehmen.

103_Das Lorzentobel

Ein tödliches Date für den Wildenburger

An der Grenze zwischen Baar und Menzigen, über der tiefen Schlucht der Lorze, stehen heute eindrücklich drei Brücken aus verschiedenen Zeitepochen. 1985 wurde die neue Lorzentobelbrücke eingeweiht, über die heute der Verkehr rollt. Davor nutzte man den Bogenviadukt aus Beton, der 1910 fertiggestellt wurde, doch schon 50 Jahre später wies er Risse auf und musste ersetzt werden. Die alte Holzbrücke, unten in der Schlucht, ist aus dem Mittelalter und wurde von den Burgherren aus der nahe gelegenen Wildenburg kontrolliert.

Die Wildenburger waren üble Gesellen und eine Plage für die Zuger. Sie überfielen Wanderer, plünderten Vorratslager und verschleppten junge Mägde. So auch an einem schönen Sommertag, als die bildhübsche Anna Eisner über die Holzbrücke im Lorzentobel spazierte. Der Burgherr befahl seinen Knechten, sie zu fangen und auf seine Burg zu verschleppen. Dort versuchte er alles, um die Jungfrau für sich zu gewinnen, doch weder Geschenke und Komplimente noch rohe Gewalt machten sie gefügig. Trotzig sagte sie, dass er einzig mit ihrer Freiheit ihr Herz erobern könne. Sie nannte Zeit und Ort, wo sie sich mit ihm treffen wolle. Tatsächlich glaubte der Wildenburger ihrem Wort und liess sie frei.

Anna lief sofort nach Hause und erzählte ihrem Vater, was geschehen war. Rasch schmiedeten sie einen Plan. Der Vater zog sich Annas Kleider über und versteckte eine Axt unter dem Rock. Dann begab er sich zum vereinbarten Treffpunkt, wo der Wildenburger schon voller Hoffnung im Gras wartete. Mit offenen Armen rannte er der vermeintlichen Anna entgegen – und bekam sogleich die Wut und die Axt des Vaters zu spüren. Der schlug hart zu und spiesste den Burgherrn auf seine Streitaxt. Dann marschierte der Vater ins Dorf und rief die gescholtenen Bürger zur Rache auf. Mit all ihrem aufgestauten Zorn stürmten die Zuger die Wildenburg und verjagten die herrenlosen Knechte.

Adresse alte Lorzentobelbrücke, Lorzentobel, 6340 Baar | **Anfahrt** A 4a, Ausfahrt Zug, im Stadtzentrum beim Zytturm links die Hauptstrasse nach Ägeri / Menzingen nehmen, etwa fünf Minuten die Aegeristrasse hochfahren und direkt vor der neuen Lorzentobelbrücke links auf den Parkplatz, den Wanderweg Richtung Höllgrotten nehmen, nach 100 Metern rechts hinunter ins Tobel wandern | **Tipp** Die Wildenburg liegt südöstlich der neuen Lorzentobelbrücke. An der Hauptstrasse Zug–Menzingen gibt es kostenlose Parkplätze. Von dort etwa 300 Meter zur frei zugänglichen Ruine Wildenburg wandern.

104_Walchwiler Erdmännchen

Eine Hebamme, eine Geburt und verlorene Diamanten

Die Fahrt nach Walchwil, entlang des östlichen Ufers des Zugersees, mit der Rigi vor sich, ist traumhaft. So erstaunt es nicht, dass an schönen Sommertagen die Cabriolets ausgefahren werden, die Biker und Jogger die Promenadenstrasse rege nutzen und Spaziergänger sich auf den Terrassen der Gaststätten erfrischen.

Walchwil ist ein Ort der Gegensätze. Moderne Villen stehen neben traditionellen Bauernhäusern. Am Sonnenhang des Zugerbergs gedeihen selbst Feigen und Kiwis – und natürlich die Kirschbäume. Dabei ist Walchwil – die Zuger Riviera, wie es auch genannt wird – geprägt von Sagen und Geistergeschichten. Auf dem alten Kirchweg soll ein schwarzer Hund seinen Spuk treiben. Beim Helgestöckli hat der Teufel in Person eine Bande frecher Burschen das Fürchten gelehrt. Und eine Hexe, auf einer Tanne wild hin und her schaukelnd, löste wohl bei einem Sturm einen schrecklichen Erdrutsch aus.

Im Kanton Zug lebten einst viele Erdmännchen, kleine, flinke nussbraune Kobolde. In einer finsteren Nacht klopfte in Walchwil ein Erdmännchen an die Tür der Hebamme. Sein Weibchen lag in den Wehen. Die Hebamme, ganz pflichtbewusst, folgte dem Erdmännchen in den Wald, durch eine enge Schlucht bis zu einer Höhle, wo das Weibchen lag. In den Morgenstunden gebar sie ein gesundes Kindlein. Als Lohn zahlte das Erdmännchen der Hebamme eine Schürze voller Kohlen. Enttäuscht über die schlechte Bezahlung, wanderte die Hebamme wieder nach Walchwil zurück. Die meisten Kohlenstücke schmiss sie auf dem Rückweg zu Boden. Zu Hause angekommen, legte sie die wenigen restlichen Kohlen in den Ofen. Doch kaum kamen sie mit Feuer in Berührung, verwandelten sie sich in reinste Diamanten. Vergebens suchte die Hebamme noch viele Tage lang nach den fortgeworfenen Kohlenstücken. Den grössten Teil ihres Schatzes hatte sie verloren und musste sich nun mit dem kleinen Rest zufriedengeben.

Adresse Artherstrasse, 6318 Walchwil | **Anfahrt** von Zug aus die Artherstrasse am östlichen Seeufer entlang bis Walchwil fahren; oder A 4, Ausfahrt Arth oder Goldau, dann durch Arth Richtung Zug bis Walchwil fahren | **Tipp** 1627 erstmals erwähnt, ist der Zuger Chriesimärt längst fest verankert in Brauchtum und Tradition. Er findet je nach Kirschreife im Juni–Juli / August während drei bis fünf Wochen an Wochentagen auf dem Landsgemeindeplatz in Zug statt.

105 Die Frau der Zuger Burg

Hochmut, Völlerei und Wollust im Mittelalter

Ein kleines, feines Museum für Kulturgeschichte ist sie heute, die Zuger Burg, die mitten in der Altstadt steht. 1979 bis 1982 aufwendig renoviert, ist sie ein echtes Schmuckstück und zugleich das Wahrzeichen der Zuger. Das Museum bietet weit mehr als Ritterrüstungen und Hellebarden. Jeder Raum ist ein eigenes Kleinod, gespickt mit Artefakten unserer Vergangenheit. Durchstöbern Sie nach dem Besuch der Ausstellung im Museumsshop die Regale und schlendern Sie über den Burghof, entspannen Sie sich auf den Liegestühlen und wühlen Sie in der Bücherkiste. Oder wie wäre es mit einer Erfrischung im Burgcafé? Und träumen Sie. Lassen Sie die Kulisse auf sich wirken. Mit nur ein wenig Phantasie fühlt man sich innerhalb der Burgmauern in eine andere Zeit zurückversetzt.

Wer sie gebaut hat, ist bis heute ein Geheimnis. Um 1300 bezogen die Habsburger die Burg. Später diente sie angesehenen Zuger Familien als Wohnsitz. Aus jener Zeit gibt es nicht wenige Geschichten um das Gemäuer und seine Bewohner. So auch die Sage von der Frau der Zuger Burg.

Die adlige Dame besass zinspflichtige Güter vom Freiamt bis zum Zürichsee. Wenn die Bauern ihr jährlich den Zehnten brachten, war der Burghof rappelvoll, und bis zur Niklausen-Kapelle standen Ross und Wagen im Stau. Doch die Frau war eine Tyrannin. Hochmütig schaute sie auf ihre Untergebenen hinab, unersättlich stopfte sie nur die besten Speisen in sich hinein, und wollüstig feierte sie üppige Feste. Ihre Gier und ihr Übermut stiegen ins Unermessliche. Bald konnte sie ihre Kosten nicht mehr decken. Der Schuldenberg wuchs, und sie verlor ihre Güter und Ländereien. Sie bettelte um Hilfe, doch niemand zeigte Erbarmen mit dem herrischen Weib, wie auch sie nie an andere gedacht hatte. Und so lebte sie die letzten Jahre ihres Lebens einsam und verspottet, bettelarm und hungerleidend in den Gassen Zugs, übel gezeichnet von Unrat, Dreck und Läusen.

Adresse Museum Burg Zug, Kirchenstrasse 11, 6300 Zug | **Anfahrt** A 4a, Ausfahrt Zug, Richtung Zentrum fahren, in der Altstadt oder im Parkhaus «Casino» parken, dann vom Kolinplatz aus zu Fuss die Kirchgasse zur Burg hinaufgehen | **Öffnungszeiten** Di–Sa 14–17 Uhr, So 10–17 Uhr | **Tipp** In den Höllgrotten im Lorzentobel bei Baar taucht man ein in eine verwunschene, fabelhafte Welt. Die weltweit einzigartigen Tropfsteinhöhlen sind rund 6.000 Jahre alt (geöffnet April–Okt. täglich 9–17 Uhr, www.hoellgrotten.ch).

106_Die Ratte am Zytturm

Mit einer Riesenratte gegen die Plage

Ratten. Sucht man die alten Balken aus dem 15. und 16. Jahrhundert nach ihnen ab, schaut in verwinkelte Ecken, sieht hinter den Stufen nach, guckt auch unter die Bänke und Tische ganz oben im Föhnwächterstübchen – finden wird man keine mehr. Denn die Ratten sind seit langer Zeit aus dem Zuger Zytturm verbannt. Früher, da war das anders, als die Wächter oben in der kleinen Stube sassen, in stürmischen Föhnnächten über die Kyburgerstadt Zug wachten, dass auch ja kein Feuer die Leute in Gefahr brachte. Zu jener Zeit also waren die Ratten eine wüste Plage. Sie drangen von aussen durchs Gemäuer, huschten mit ihren langen Schwänzen die Wände entlang, starrten die Männer mit ihren roten Augen an, und nicht selten nagten sie an deren Brot und Käse. Kein Schimpfen und Schlagen konnte die ungebetenen Turmgäste vertreiben.

Doch eines Tages kam ein Gelehrter aus Salerno nach Zug und hörte in einer Beiz am Stammtisch von der Rattenplage. Er gab den Turmwächtern den Rat, dort, wo die Biester in den Turm eindrangen, eine riesige schwarze Ratte an die Aussenmauer zu malen. Gesagt, getan. Und siehe da, tatsächlich mieden die Ratten seit jenem Tag den Zuger Zytturm.

Aufmerksame Beobachter können noch heute die Riesenratte entdecken. Sie ist oberhalb der Turmuhr, rechts unter dem Föhnwächterstübchen-Fenster auf dem Steinsims zu finden.

Der 52 Meter hohe Zytturm mit seiner auffälligen blau-weissen Turmhaube steht mitten in der Zuger Altstadt. Er hat nebst dem grossen Zifferblatt für die Zeit auch eine astronomische Uhr, auf der sich Wochentag, Monat, Schaltjahr und Mondstand ablesen lassen. Im Mittelalter diente er als Tor der alten Stadtmauer. Später wurde er auch als Gefängnis genutzt. Wächter hielten von oben Ausschau nach Bränden. Will man sein Inneres erkunden, kann man den Schlüssel in der Wunderbox oder beim Restaurant Intermezzo ausleihen.

Adresse Zytturm, Kolinplatz, 6300 Zug | **Anfahrt** A 4a, Ausfahrt Zug, Richtung Zentrum fahren, in der Altstadt oder im Parkhaus «Casino» parken | **Tipp** Im Restaurant «Aklin», gleich neben dem Zytturm, werden die Gäste seit 1787 in drei Räumlichkeiten, der Aklinstube, der Erkerstube und der Zunftstube, mit saisonalen und regionalen Produkten kulinarisch verwöhnt (www.restaurantaklin.ch).

107_Die Adelrich-Legende

Wunder im Inselparadies

Sucht man nach einem Wunder, sollte man einen Ausflug zur Insel Ufenau unternehmen. Sie ist die grösste Insel der Schweiz, liegt im oberen Zürichsee, bei schönem Wetter umrahmt von einem traumhaften Bergpanorama.

Eigentümerin ist das Kloster Einsiedeln, politisch gehört sie zu der Schwyzer Gemeinde Freienbach. Die Insel ist öffentlich zugänglich und hat auch einen eigenen Gasthof, das «Haus zu den zwei Raben». Erreichbar ist Ufenau nur auf dem Wasserweg, Fährschiffe fahren regelmässig hinüber.

Man sagt Ufenau eine fast schon mystische Aura nach. In der Nähe fand man Pfahlbausiedlungen. Um das Jahr 200 stand ein römischer Tempel auf der Insel, 300 Jahre später die erste Kirche. Heute sind die Pfarrkirche Sankt Peter und Paul und die Kapelle St. Martin Pilgerorte, die zahlreiche Besucher anziehen.

Berühmt wurde Ufenau durch den heiligen Adelrich und seine Wundertaten, die noch heute nachwirken sollen. Als Adliger geboren, zog er ein einfaches Leben vor und wurde Mönch. Vom Kloster Einsiedeln kam er nach Ufenau und lebte dort als Eremit und Priester. Einmal, auf der Rückreise vom Kloster, soll es so sehr gestürmt haben, dass kein Fährmann mehr zur Insel übersetzen wollte. Doch Adelrichs Gottvertrauen war so gross, dass er einfach in die tosenden Wellen des Zürichsees hineinmarschierte, obwohl er gar nicht schwimmen konnte. Da legte sich der Wind, die Wogen glätteten sich, und die Wasseroberfläche glänzte wie ein Spiegel, auf der Adelrich sicher hinüber zur Insel gehen konnte.

Adelrich tat viel Gutes, war Seelsorger für die Menschen und versuchte ihre Leiden zu lindern. Im Jahr 973 starb er.

Heute liegt er in Sankt Peter und Paul begraben, sein leerer Sarkophag steht in der Kapelle Sankt Martin. Sein Bildnis auf dem Grabstein lässt die Menschen weiterhin an Wunder glauben und zur schönen Insel Ufenau pilgern.

Adresse Insel Ufenau | **ÖV** mit offiziellen Kursschiffen ab Zürich und Rapperswil, www.zsg.ch | **Öffnungszeiten** Die Bauten auf Ufenau werden aufwendig restauriert, deshalb bleibt die Insel bis Mai 2018 für Besucher geschlossen. | **Tipp** Das Römerkastell Irgenhausen wurde im Jahr 994/995 nach Christus erbaut. Die Ruine ist gut erhalten und ein beliebtes Ausflugsziel. Sie liegt am See direkt neben dem Freibad von Pfäffikon.

108_Das goldene Tor

Die Nixe aus dem verwunschenen Teich

Neben dem Flughafen, auf dem öffentlichen Militärgelände, liegt in einem Naturschutzgebiet ein verwunschener Teich: das goldene Tor. Er ist klein und auch nicht tief, jedoch gespickt mit unheimlichen Löchern, aus denen feiner goldfarbener Sand hochsteigt. Im Wasser blubbert und quirlt es. Es sind die Sandvulkane dieser Teichquelle, die diesem Ort eine magische Aura verleihen.

Einst, vor langer Zeit, hütete ein Junge seine Schafe an dem Teich. Es war ein schöner, heisser Tag. Zur Mittagsstunde wurde er müde und legte sich ans kühle Ufer. Plötzlich wirbelte das Wasser in dem Teich auf. Goldsand stieg aus den Löchern empor und mit ihm eine schöne Nixe. Der Junge erschrak und wollte flüchten, aber die Nixe lächelte und streckte ihm die Hand entgegen. Ein prächtiger Ring glitzerte an ihrem Finger. Fasziniert versuchte der Junge das Schmuckstück zu berühren, doch die Nixe zog rasch ihre Hand zurück. So lockte sie ihn ans Wasser. Als er erneut nach dem Ring griff, verlor er das Gleichgewicht und fiel in den Teich. Sofort umschlang die Nixe ihn und zog ihn mit sich durch eines der Löcher. Rasend schnell und unglaublich tief fielen sie, bis sie plötzlich auf festem Grund standen. Der Junge traute seinen Augen nicht. Er stand vor einem wunderschönen goldenen Tor, und dahinter lag eine prächtige Stadt. Eine weitere Nixe kam durch das offene Tor auf sie zu. Freudig wollte die Nixe, die den Jungen umschlungen hielt, die andere begrüssen. Nur kurz liess sie ihn deshalb los. In dem Moment packte ein wilder Wasserwirbel den Jungen und riss ihn mit solcher Gewalt durch das Loch nach oben, dass er all seine Sinne verlor.

Später fand er sich auf der Wiese neben dem Teich wieder. Ein Bauer, durch seinen Schrei aufmerksam geworden, hatte ihn aus dem Wasser gezogen.

Noch viele Sommer danach ging der Junge zu dem Teich. Vergebens. Die Nixe kam nicht mehr empor.

Adresse Militärstrasse, 8302 Kloten | **Anfahrt** A 1, Ausfahrt Kloten-Nord, beim Kreisverkehr rechts und beim Lichtsignal wieder rechts Richtung Kloten, nach einem Kilometer rechts die Schaffhauserstrasse zum Militärparkplatz nehmen, unter der Autobahn hindurch und gleich wieder rechts zum Parkplatz, von dort 10-minütiger Fussweg | **Tipp** Der 2.000 Jahre alte römische Gutshof bei Seeb (Gemeinde Winkel, Römerweg) lässt auf Spuren vergangener Zeiten wandeln. Das Gelände ist für jedermann offen, allerdings stehen Teile des Herrenhauses unter Schutzbauten und sind nur bei schönem Wetter von Ostern bis Oktober zugänglich.

109__Die Des Balances AG

Monika-Jaqueline Maag Hug und die Magie

Die rationale Wissenschaft wird hier in der Gasse der Zürcher Altstadt zurückgelassen. Denn tritt man über die Türschwelle, gelangt man in ein Reich voller Magie und Übersinnlichem, wird man empfangen von würzigen Düften, von schillernden Amuletten und Glaskerzen, von Edelsteinen und mystischen Skulpturen aus der Götterwelt. Japanische Schwerter hängen an den Wänden, Feen fliegen umher, und geheimnisvolle Musikklänge erfüllen den Raum. Tarotkarten gibt es, Bücher über Magie, Heilkräuter, ätherische Öle und vieles mehr. Fast fühlt man sich wie ein wissbegieriger Harry Potter, findet man doch auch Zauberstäbe, Kristallkugeln, Books of Shadows und Ritualgewänder. Dabei ist das Hexenfachgeschäft keinesfalls muffig und düster, sondern hell und grosszügig, und auch als Nichthexer darf hier jeder ungeniert herumstöbern, sich begeistern lassen und seine Neugier zeigen.

Man begibt sich auf eine Entdeckungsreise durch die Welt von Monika-Jaqueline Maag Hug. 2004 gründete sie die Des Balances AG. Sie hat viel erreicht in den letzten Jahren, sich weiterentwickelt, vergrössert, ihre eigene Produktlinie «Absyriah» kreiert, bietet auch mediale Sitzungen und Tarot-Beratungen an. Man fühlt sich wohl, geborgen und kann diesen Hauch von weisser Magie nicht leugnen, der einen an diesem Ort umgibt.

Stolz ist Monika-Jaqueline Maag Hug auf ihre grosse Auswahl an wunderschönen handgemachten Ouija-Brettern, auch Witchboards genannt. «Sie sind viel mehr als nur ein Gesellschaftsspiel», sagt sie. «Durch die Bretter wird mit den Seelen der Verstorbenen kommuniziert. Sie sind die Pforte zu einer anderen Welt.» Sie ist überzeugt, dass Übersinnliches seit jeher eine grosse Bedeutung für uns Menschen hat, in uns verankert ist, jedoch verdrängen wir heute die Magie und folgen blind dem Wissenschaftswahn. Dadurch verschliessen wir uns einer wunderbaren Welt – einer Welt voller Zauber und Magie.

Adresse Kruggasse 12, 8001 Zürich, www.hexenladen.ch | **ÖV** ab Hauptbahnhof Tramlinie 4 bis Bellevue, den Limmatquai etwa 80 Meter zurückgehen und dann rechts in die Kruggasse abbiegen | **Öffnungszeiten** Di–Fr 11–18.30 Uhr, Sa 11–16 Uhr | **Tipp** Ruhe und Entspannung findet man im Chinagarten. Er liegt zwischen Bellerivestrasse und Blatterwiese am rechten Seeufer, an der schönen Zürcher Seepromenade, und ist ein Geschenk der chinesischen Partnerstadt Kunming (März–Okt. täglich geöffnet 11–19 Uhr).

110 Karl und die Schlange

Sein Rechtsspruch machte vor Tieren nicht halt

Karl der Grosse war ein mächtiger Mann, der bis zu seinem Tode im Jahr 814 ein riesiges Reich erobert und zu führen hatte. Dem Herrscher lag eine gerechte und gut organisierte Verwaltung am Herzen. So kam es, dass er auf einer Durchreise in Zürich haltmachte und im Haus zum Loch neben dem Grossmünster logierte. Auf dem Platz, wo die Stadtheiligen Felix und Regula hingerichtet wurden, liess er eine Klagesäule mit einem Glöcklein aufstellen. Jedermann durfte daran ziehen, der sich zu beklagen hatte und einen Rechtsspruch von Kaiser Karl wünschte.

Doch es war seltsam. Mehrmals klingelte das Glöcklein, doch niemand fand sich an der Säule. Ein Knecht legte sich auf die Lauer und beobachtete eine Schlange, die läutete. Karl der Grosse kam herbei und folgte der Schlange an die Seemündung. Dort, im Schilf am Ufer der Limmat, lag ihr Nest mit den Schlangeneiern. Eine dicke, gierige Kröte hatte es erobert und besetzt. Karl sprach umgehend den Rechtsspruch: Die Kröte sollte entfernt werden und wurde zum Feuertode verurteilt, sass sie doch auf fremdem Eigentum und wollte Leben rauben.

Einige Tage später, Karl sass gerade fröhlich an der Tafel im Haus zum Loch, öffnete sich die Tür, und die Schlange kroch herein. Sie schlängelte sich das Tischbein hoch und warf dem Kaiser als Dank einen funkelnden Edelstein in den goldenen Becher.

Karl liess später an der Stelle, wo das Nest gelegen hatte, die Wasserkirche bauen. Den Edelstein schenkte er seiner Gemahlin, die ihn auf Lebzeiten an einer Kette auf ihrem Herzen trug.

Noch heute findet man am Haus zum Loch über den Türen und Fenstern Reliefs der Sage, wie auch an der Fassade des Grossmünsters. Und die Statue Karls des Grossen schaut vom Karlsturm hinab auf die Zürcher und erinnert an seine Herrschaft. Die Wasserkirche ist einen Besuch wert. Darunter liegt die öffentlich zugängliche Krypta. Sie ist ein Zeitzeugnis vergangener Tage.

Adresse Zwingliplatz, 8001 Zürich | **ÖV** ab Hauptbahnhof Tramlinie 4, ab Central auch Tramlinie 15 bis Helmhaus | **Tipp** Die «Conditorei Schober» in der Napfgasse 4 ist ein Kaffeehaus mit Tradition, ein Süsswarenladen aus einer anderen Zeit und ein architektonisches Juwel (www.conditorei-cafe-schober.ch).

111__Der Zauberer

Wo die Magie im Anatomiehörsaal seziert wird

Der Versuch einer sachlichen Erklärung: Die Zauberkunst ist die Beherrschung der Illusion. Der Zauberkünstler versteht es, physikalische und mathematische Gesetze mit Hilfe von Trick-Apparaturen und dem Verständnis von der Psychologie und Wahrnehmung des Menschen in Magie umzuwandeln. Uff! Der Versuch scheitert kläglich, denn Zauberei kann man so wenig in Worte fassen, wie man die Taube zu fassen kriegt, die sich vor den eigenen Augen scheinbar – puff! – in Luft auflöst. Magie muss man erleben, fühlen, spüren. Sie entführt einen in eine Welt, in der es keine Grenzen gibt, weder physikalische noch logische, in eine Welt, die eigentlich nicht existieren darf und uns doch umgibt. Magie bringt uns zum Staunen, bringt uns den Glauben ans Unmögliche zurück und reisst uns aus dem Alltag – das ist der wahre Zauber, der hinter der Magie steckt.

Das dachte sich auch Pat Perry, als er Anfang der 1990er Jahre seinen Job an den Nagel hängte und sich als Zauberlehrling auf einen mystischen Pfad begab. Sein Hogwarts war in Zürich und New York. Er erlernte das Handwerk des Zauberkünstlers, das Schweben, Hervorzaubern, Verschwindenlassen, Verdrehen, Durchdringen, das Manipulieren und Beeinflussen. Mimik, Gestik und Illusion perfektionierte er. Und sein Pfad sollte der richtige sein. Er zauberte sich vom Schweizermeister zum Zauberweltmeister hoch.

Nach 25 Jahren auf Welttournee wird er in Zürich West sesshaft und gründet das CLOSE Theater. Ein Zauberlabor, wie er sagt, wo er im Ambiente eines Anatomiehörsaals ganz nah am Zuschauer ist und diesen in eine utopische Realität entführt. Mit Mentalmagie und Zauberkunst betreibt er im CLOSE ein weltweit einzigartiges Zauberexperiment. Dabei verführt er sein Publikum mit viel Charme, herzlichem Humor, feiner Ironie und einer Prise Understatement, greifbar nah und unbegreiflich – ohne Schnickschnack und Klimbim. Wahrhaft zauberhaft.

Adresse Pfingstweidstrasse 101, 8005 Zürich, www.closetheater.ch | **ÖV** ab Zürich Hauptbahnhof Tramlinie 4 bis Haltestelle Toni Areal, das Theater befindet sich im Gebäude der «Migros» Herdern | **Tipp** Wer selbst den Zauberstab schwingen will, findet im «Zauberparadies» an der Trottenstrasse 3 in Zürich über 5.000 Zauberartikel, die das Magierherz höherschlagen lassen (www.zauberparadies.com).

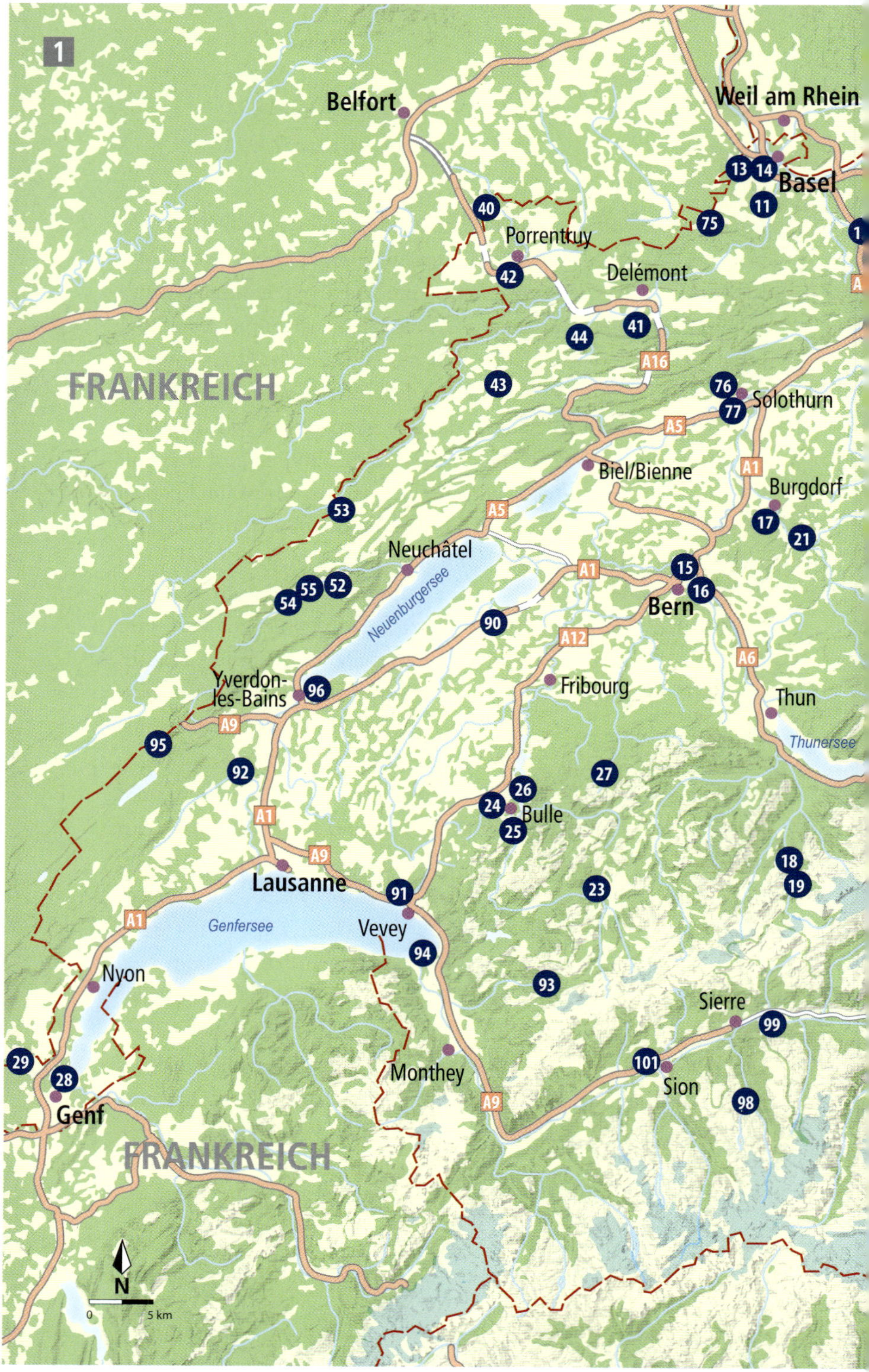
1
Belfort
Weil am Rhein
Basel
13
14
11
75
40
Porrentruy
42
Delémont
41
44
A16
43
FRANKREICH
76
77
Solothurn
A5
Biel/Bienne
A1
Burgdorf
17
21
53
A5
Neuchâtel
Neuenburgersee
A1
15
16
Bern
52
55
54
90
A12
A6
Yverdon-les-Bains
96
Fribourg
Thun
A9
Thunersee
95
92
27
26
24
Bulle
25
A1
A9
18
19
Lausanne
91
23
A1
Genfersee
Vevey
94
Nyon
93
Sierre
99
101
29
28
Monthey
Sion
98
Genf
A9
FRANKREICH
N
0
5 km

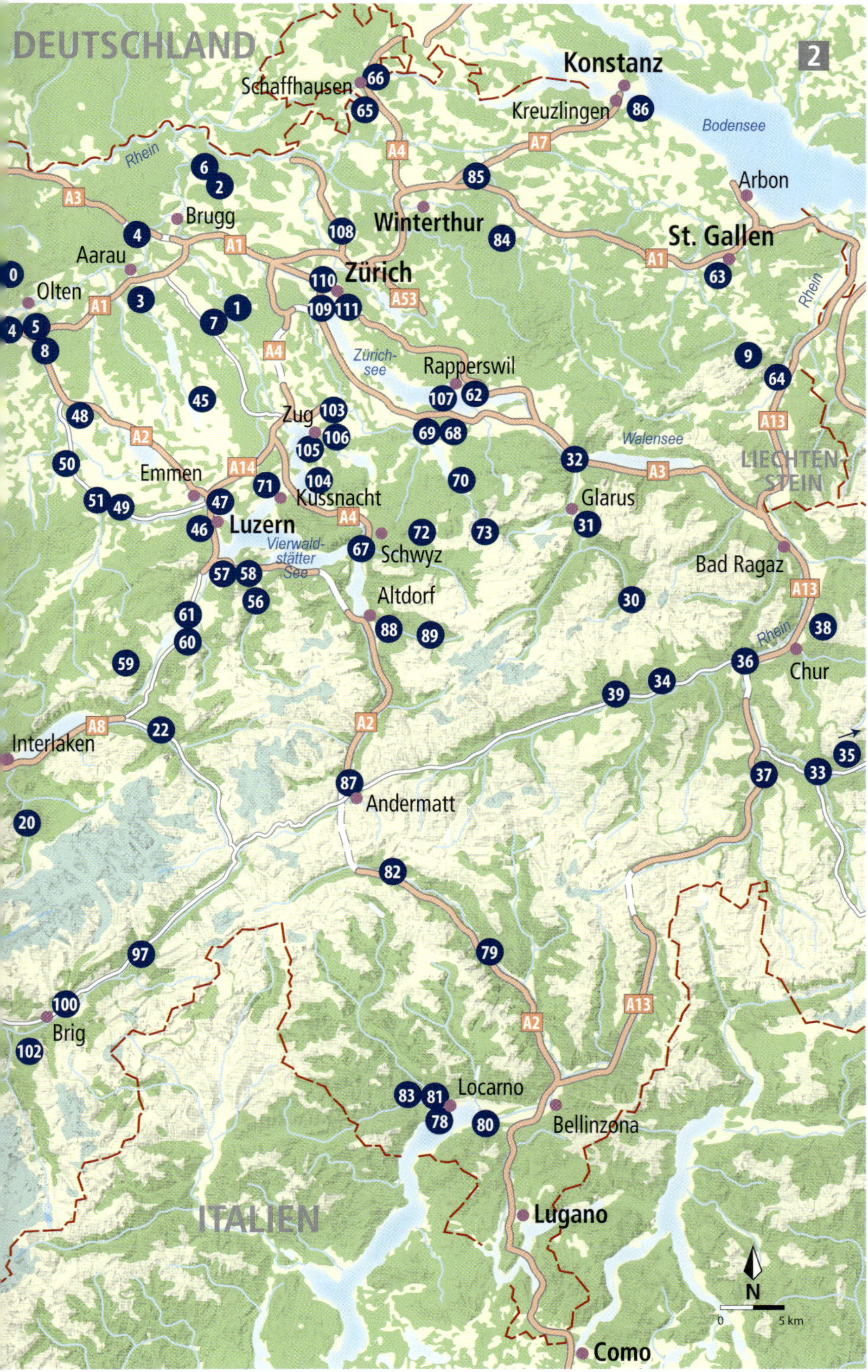

2
DEUTSCHLAND
Schaffhausen
Konstanz
Kreuzlingen
Bodensee
Rhein
Arbon
Brugg
Winterthur
St. Gallen
Aarau
Zürich
Olten
Zürich-see
Rapperswil
Zug
Walensee
LIECHTEN-STEIN
Emmen
Küssnacht
Glarus
Luzern
Vierwald-stätter See
Schwyz
Bad Ragaz
Altdorf
Chur
Interlaken
Andermatt
Brig
Locarno
Bellinzona
ITALIEN
Lugano
Como
A1
A2
A3
A4
A7
A8
A13
A14
A53
N
0
5 km
0 1 2 3 4 5 6 7 8 9 20 22 30 31 32 33 34 35 36 37 38 39 45 46 47 48 49 50 51 56 57 58 59 60 61 62 63 64 65 66 67 68 69 70 71 72 73 78 79 80 81 82 83 84 85 86 87 88 89 97 100 102 103 104 105 106 107 108 109 110 111

Dorothee Fleischmann,
Carolina Kalvelage
111 Orte in Budapest, die man gesehen haben muss
ISBN 978-3-95451-744-2

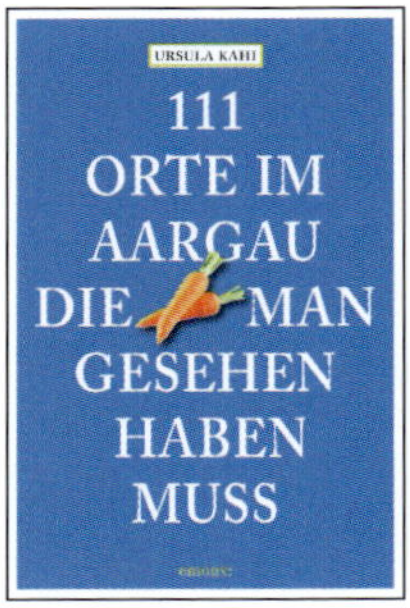

Ursula Kahi
111 Orte im Aargau, die man gesehen haben muss
ISBN 978-3-95451-537-0

Christian Löhden
111 Orte in Graubünden, die man gesehen haben muss
ISBN 978-3-95451-514-1

Oliver Schröter, Falk Saalbach
111 Orte in Zürich, die man gesehen haben muss
ISBN 978-3-95451-538-7

Cornelia Lohs
111 Orte in Bern, die man gesehen haben muss
ISBN 978-3-95451-669-8

Giulia Castelli Gattinara,
Mario Verin
111 Orte in Mailand, die man gesehen haben muss
ISBN 978-3-95451-617-9

Cornelia Ziegler,
Chris Sindermann
111 Orte auf Kreta, die man gesehen haben muss
ISBN 978-3-95451-540-0

Dorothee Fleischmann,
Carolina Kalvelage
111 Orte an der Costa Brava, die man gesehen haben muss
ISBN 978-3-95451-561-5

Jo-Anne Elikann
111 Orte in New York, die man gesehen haben muss
ISBN 978-3-95451-512-7

Ralf Nestmeyer
111 Orte an der Côte d'Azur, die man gesehen haben muss
ISBN 978-3-95451-563-9

Uwe Ramlow
111 Orte im Tessin, die man gesehen haben muss
ISBN 978-3-95451-840-1

Marion Rapp
111 Schätze der Natur rund um den Bodensee, die man gesehen haben muss
ISBN 978-3-95451-619-3

Gerd Wolfgang Sievers
111 Orte in Venedig, die man gesehen haben muss
ISBN 978-3-95451-352-9

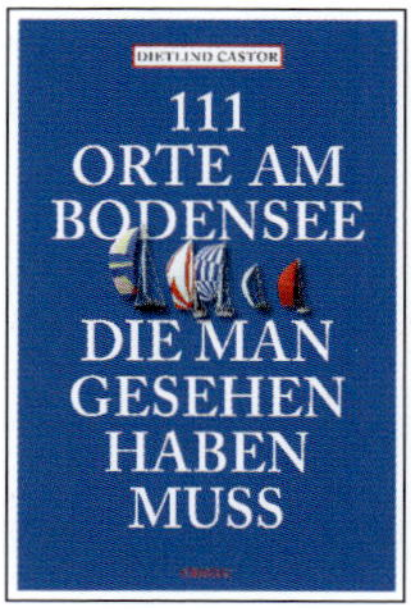

Dietlind Castor
111 Orte am Bodensee, die man gesehen haben muss
ISBN 978-3-95451-063-4

Petra Sophia Zimmermann
111 Orte am Gardasee und in Verona, die man gesehen haben muss
ISBN 978-3-95451-344-4

Marcus X. Schmid, Halûk Uluhan
111 Orte in Istanbul, die man gesehen haben muss
ISBN 978-3-95451-333-8

Christiane Bröcker, Babette Schröder
111 Orte in Stockholm, die man gesehen haben muss
ISBN 978-3-95451-203-4

Marcus X. Schmid, Michel Riethmann
111 Orte in Luzern und rund um den Vierwaldstättersee, die man gesehen haben muss
ISBN 978-3-95451-917-0

Thomas Fuchs
111 Orte in Amsterdam, die man gesehen haben muss
ISBN 978-3-95451-209-6

Annett Klingner
111 Orte in Rom, die man gesehen haben muss
ISBN 978-3-95451-219-5

John Sykes, Birgit Weber
111 Orte in London, die man gesehen haben muss
ISBN 978-3-95451-117-4

Gerald Polzer, Stefan Spath,
Pia Claudia Odorizzi von Rallo
111 Orte im Salzkammergut, die man gesehen haben muss
ISBN 978-3-95451-231-7

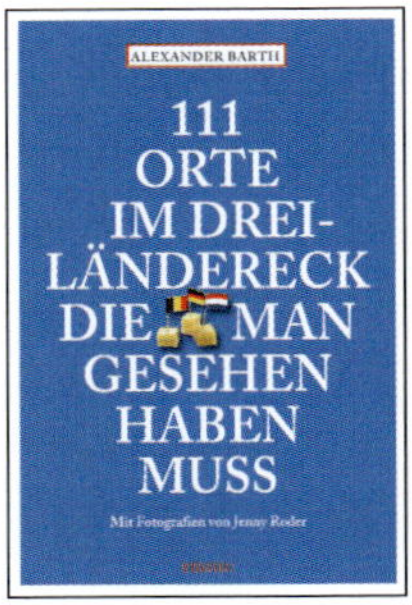

Alexander Barth,
Jenny Roder
111 Orte im Dreiländereck, die man gesehen haben muss
ISBN 978-3-95451-316-1

Gerald Polzer, Stefan Spath
111 Orte in Graz, die man gesehen haben muss
ISBN 978-3-95451-466-3

Stefan Spath
111 Orte in Salzburg, die man gesehen haben muss
ISBN 978-3-95451-114-3

Barbara Krull
111 Orte im Elsass, die man gesehen haben muss
ISBN 978-3-95451-596-7

Peter Eickhoff, Karl Haimel
111 Orte in Wien, die man gesehen haben muss
ISBN 978-3-89705-969-6

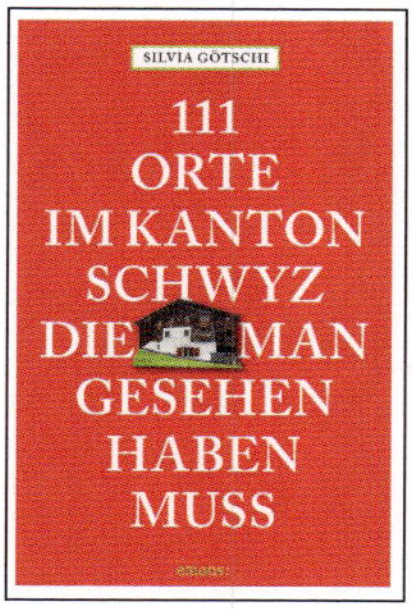

Silvia Götschi
111 Orte im Kanton Schwyz, die man gesehen haben muss
ISBN 978-3-7408-0116-8

Cornelia Ziegler
111 Orte im Allgäu, die man gesehen haben muss
ISBN 978-3-95451-343-7

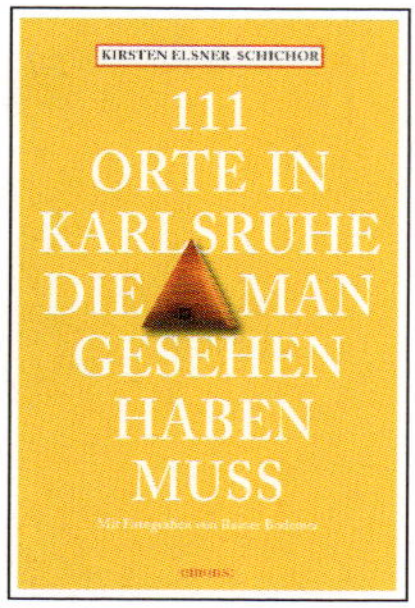

Kirsten Elsner-Schichor, Rainer Bodemer
111 Orte in Karlsruhe, die man gesehen haben muss
ISBN 978-3-95451-593-6

Alexander Barth, Eckhard Heck
111 Orte in Aachen und der Euregio, die man gesehen haben muss
ISBN 978-3-89705-931-3

Beate C. Kirchner
111 Orte in Florenz und im Norden der Toskana, die man gesehen haben muss
ISBN 978-3-95451-513-4

Gerald Polzer, Stefan Spath
111 Orte in Oberösterreich, die man gesehen haben muss
ISBN 978-3-95451-857-9

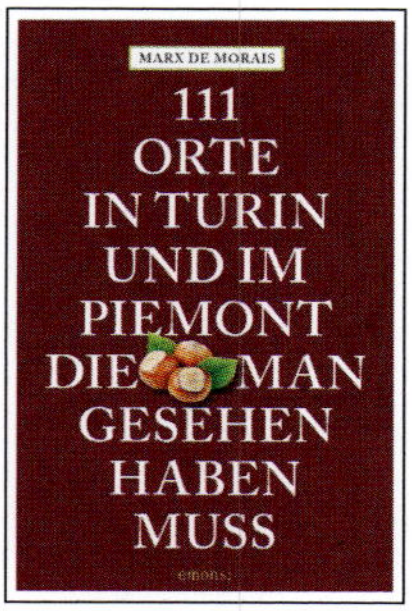

Marx de Morais
111 Orte in Turin und im Piemont, die man gesehen haben muss
ISBN 978-3-95451-736-7

Sina Beerwald
111 Orte auf Sylt, die man gesehen haben muss
ISBN 978-3-95451-511-0

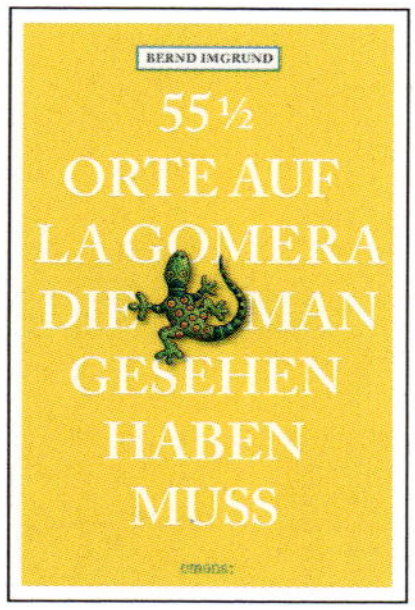

Bernd Imgrund
55 ½ Orte auf La Gomera, die man gesehen haben muss
ISBN 978-3-95451-700-8

Rike Wolf
111 Orte in Hamburg, die man gesehen haben muss
ISBN 978-3-89705-916-0

Rüdiger Liedtke
111 Orte auf Mallorca, die man gesehen haben muss
ISBN 978-3-89705-975-7

Lucia Jay von Seldeneck, Verena Eidel, Carolin Huder
111 Orte in Berlin, die man gesehen haben muss
ISBN 978-3-89705-853-8

Rüdiger Liedtke
111 Orte in München, die man gesehen haben muss
ISBN 978-3-89705-892-7

Lucia Jay von Seldeneck, Verena Eidel, Carolin Huder
111 Orte in Berlin, die man gesehen haben muss
Band 2
ISBN 978-3-95451-207-2

Silvia Schaub
111 Orte im Engadin, die man gesehen haben muss
ISBN 978-3-7408-0115-1

Bernd Imgrund, Britta Schmitz
111 Kölner Orte, die man gesehen haben muss
Band 1
ISBN 978-3-89705-618-3

Bernd Imgrund, Britta Schmitz
111 Kölner Orte, die man gesehen haben muss
Band 2
ISBN 978-3-89705-695-4

Mercedes Korzeniowski-Kneule
111 Orte in Basel, die man gesehen haben muss
ISBN 978-3-95451-702-2

Kay Walter, Rüdiger Liedtke
111 Orte in Brüssel, die man gesehen haben muss
ISBN 978-3-7408-0128-1

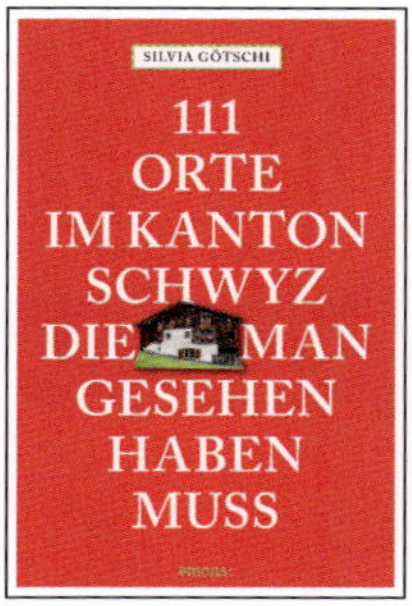

Silvia Götschi
111 Orte im Kanton Schwyz, die man gesehen haben muss
ISBN 978-3-7408-0116-8

Dorothea Steinbacher
111 Orte im Chiemgau und im Rupertiwinkel, die man gesehen haben muss
ISBN 978-3-7408-0131-1

Beate C. Kirchner,
Jorge Vasconcellos
111 Orte in Rio de Janeiro, die man gesehen haben muss
ISBN 978-3-95451-843-2

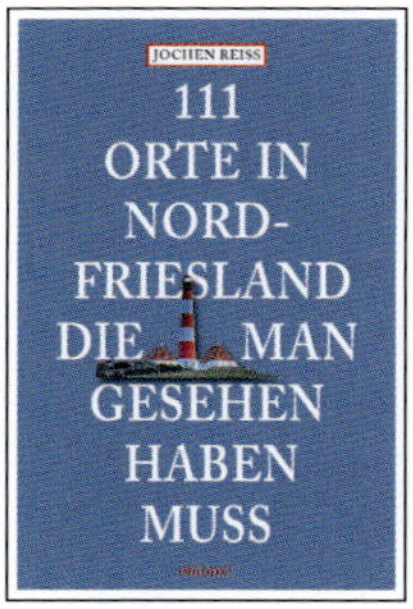

Jochen Reiss
111 Orte in Nordfriesland, die man gesehen haben muss
ISBN 978-3-95451-627-8

Dorothea Steinbacher
111 Orte im Chiemgau, die man gesehen haben muss
ISBN 978-3-95451-338-3

Lust auf mehr? Laden Sie sich die »LChoice«-App runter, scannen Sie den QR-Code und bestellen Sie weitere Bücher direkt in Ihrer Buchhandlung.

LChoice

Hier bestellen

Die Autorin

Monika Mansour, geboren 1973 in der Schweiz, liebte schon als Kind spannende Geschichten. Nach einer Lehre ging sie auf Reisen und verbrachte mehrere Monate in Australien, Neuseeland und den USA. Danach arbeitete sie am Flughafen, führte eine Whiskybar und war Tätowiererin. 2014 erfüllte sich ihr Traum vom Leben als Schriftstellerin. Im Emons Verlag erschienen bereits ihre Kriminalromane «Luzerner Totentanz», «Liebe, Sünde, Tod», «Himmel, Hölle, Mensch» und «Luzerner Todesmelodie». Sie lebt mit ihrem Mann und ihrem Sohn im Luzerner Hinterland. www.monika-mansour.com